길 위에 서 있다고 믿지만
사실은 길을 잃은
모든 이들에게 이 책을 바칩니다.

숲에게 길을 묻다

숲에게
길을 묻다

'나고 살고 이루고 죽는' 존재의 발견

김용규 지음

비아북
ViaBook Publisher

생명, 존재의 복원을 꿈꾸며

1.

　무언가를 설명하거나 규명하여 전하려 할 때 인과因果의 요소만을 주로 따지는 것은 서양의 전통적 방식입니다. 아무리 복잡한 것도 단순하고 선명하게 드러내는 장점이 있습니다. 신속하고 명쾌하며 효율적입니다. 이 방식은 살펴보려는 사물이나 생명, 사태 등이 전부 대상화되는 특성을 갖습니다. 한편 동양의 전통적 방식은 원인과 결과 사이에 연緣이라는 요소를 함께 넣어 사태를 살핍니다. '인-과'라는 직선성보다 '인-연-과'라는 곡선성은 더디고 덜 선명하며 자못 복잡하여 비효율적인 것처럼 보일 수 있습니다. 하지만 이 방식은 보다 풍성합니다. 헤아려보려는 그 무엇을 단순히 대상화하는 것보다 더 깊게 파고들어 존재 그 자체로 마주하게 하는 힘이 있습니다. 그저 대상으로 취급되는 모든 존재는 쓸쓸합니다. 대부분의 사람에게 대추 한 알이 그저 과실이거나 약재라는 자원적 대상일 때, 어느 시인은 그 속에 벼락 몇 개와 무서리 맞은 몇 밤과 땡볕 두어 달이 깃들어 있음을 봅니다.* 그렇게 한 존재가 대상화의 함정을 뛰어넘어 다른 '존재'와 깊게 마주할 수 있을 때 삶은 훨씬 풍성해집니다.

2.

이 책은 10년의 세월 동안 그 거칠기에 비해 깊은 사랑을 받았습니다. 어느 목사님은 이 책을 읽고 찾아와 성서가 전하는 말씀에 다르지 않은 이야기가 흘러넘친다고 평가하여 나를 부끄럽게 했습니다. 어느 교육대학원의 교수님은 제자 및 연구자 들과 함께 찾아와 강연을 청하면서 이 책을 대학원생 수업의 필수 교재로 사용하고 있다고 해 나를 어리둥절케 했습니다. 저자로서 무엇보다 기뻤던 일은 아주 많은 독자에게 이 책을 읽고 자신의 상처를 담담히 바라볼 수 있는 용기를 얻었다는 고백을 들은 것입니다. 누군가는 이 책을 읽고 마침내 자신의 상처 깊은 삶과 화해할 수 있었다고 했습니다. 전국의 숲을 누비다가 만난 사람 중에는 이 책을 읽고 아예 숲 해설가로 직업을 바꿨다는 이도 있었습니다. 숲 해설가 중에는

---

* "저게 저절로 붉어질 리는 없다. / 저 안에 태풍 몇 개 / 저 안에 천둥 몇 개 / 저 안에 벼락 몇 개 // 저게 저 혼자 둥글어질 리는 없다. / 저 안에 무서리 내리는 몇 밤 / 저 안에 땡볕 두어 달 / 저 안에 초승달 몇 날" – 장석주의 시, 〈대추 한 알〉에서

존재의 발견
숲에게 길을 묻다

이 책을 곁에 두고 읽고 또 읽었더니 대중을 만날 때 도움이 되었다는 이도 있습니다. 어느 텔레비전 방송작가는 자신의 방송 대본에 이 책이 대단히 깊고 많은 영감을 줬다며 나를 방송으로 불러 생방송 특강 자리를 마련해주기도 했습니다. 이후 이 책과 나는 여러 매체에 자주 호출되었고 10년 넘는 세월 동안 기업과 공공 조직, 각종 연수원과 교육기관, NGO나 NPO, 도서관, 이러저러한 모임 등에 초청을 받았습니다. 전국을 누비며 생명과 존재의 말을 전하는 삶을 탄탄하게 살아갈 수 있게 된 계기를 이 책이 마련해준 것입니다. 무엇보다 대개 신간의 수명이 반년도 가지 못한다는 출판가 소식에도 불구하고 이 거친 책은 10년이 넘도록 꾸준히 독자들과 연결되어왔다는 것이 큰 기쁨입니다. 모두 참으로 감사한 연緣이었습니다.

3.

궁금했습니다. 책의 수명이 이토록 단명한 시대에 저자 입장에서는 설익어 부끄럽기 한없는 이 책이 어떻게 나름대로 길고 넓은 생명력을 갖게 된 것일까? 전문서만 있던 시대를 지나 숲에 관한 쉽고 화사한 대중서가 아주 많아진 세상이 되었는데도 어떻게 이 책은 질긴 사랑을 받아온 것일까? 나를 만난 독자들은 대개 이런 대답을 들려줬습니다. "숲에 관한 책은 많죠. 하지만 이 책은 숲에 사는 풀 한 포기, 나무 한 그루가 어떻게 우리 삶의 스승이 될 수 있는지를 경험하게 하는 가장 분명한 책이었습니다. 타인들을 향해 내가 왜 모나게 굴며 살고 있었는지를 이 책은 찔레나 두릅나무를 읽다가 깨닫게 하잖아요. 내가 왜 태어났고 왜 이 꼴로 사는지를 절벽 위에 핀 민들레의 모습으로 성찰하게 하고, 인간으로서 어떻게 살아야 하고 어떻게 사람의 길을 걷다가 떠나야 하는지를 온갖 생명 존재들에게서 배우게 하는 책이잖아요."

늘 민망하고 과분한 평가로 들었습니다. 부실한 저자의 시선과 사유를 독자 중 눈 밝은 분들은 그렇게 깊게 마주해주고 계셨습니다. 혹시라도 그렇게 깊게 만날 수 있는 계기를 이 책의 어느 구석이 제공하고 있다면 그것은 내가 숲을 그저 인과의 세계로만 보지 않기 때문이리라 생각하고 있습니다. 10년 전 이 책을 쓸 때는 나 자신도 몰랐습니다. 이 책 이전까지의 시선과 다른 시선으로 내가 숲을 바라보고 있었다는 사실을. 그때까지 지식인들이 숲을 바라보고 설명하는 시선은 생명들이 보여주는 모습의 단면에 고정되어 있거나 그 단면의 원인을 과학적 지식의 틀 속에서 주로 인과 중심으로 서술하는 책이 대부분이었습니다.

하지만 누군가에게는 그것이 한낱 대상에 불과할지라도 모든 대상은 본래 존재입니다. 누군가는 민들레나 질경이를 싸잡아 잡초라고 대상화하지만, 그들 안에는 이미 신의 입김이 서린 꽃이 들어 있고 그 꽃을 피우려는 열망이 있습니다. 그들에게도 내 것 같은 소중한 일생이 있습니다. 내 것만큼 버거운 고난이 있고 내 것만큼 아픈 상처가 있습니다. 모든 존재는 관계의 연緣이 빚어내는 어마어마하게 긴 배경과 사연을 굽이굽이 품고 있습니다. 그래서 삶의 본질 측면에서 나와 그는 같습니다. 마음의 눈을 열기만 하면 그 풀 한 포기가 내게 위로를 건넵니다. 새 한 마리의 날갯짓과 노래, 혹은 울음이 내 슬픈 밤들을 위로하기도 합니다. 이 책에 혹시라도 미덕이 있다면 바로 그것일 것입니다. 대상화되어 쓸쓸해진 모든 것들의 존재성을 되찾아주는 것. 당신을 포함하여.

4.

너그럽게 읽어주신 독자들께 저자와 출판사의 사정으로 오랫동안 죄송한 부분이 있었습니다. 그간 독자들의 숱한 의견이 있었는데, 대략 판형에 관한 것이거나 흑백 도판에 대한 아쉬움이거나 본래 내용과 달리 분칠되어 자기계발서로 읽히는 것 등에 관한 섭섭함이었습니다. 개정판에 독자들의 그 소중한 되먹임feedback을 반영하려 노력하였습니다. 먼저 제목을 단순하게 바로잡았습니다. 세월을 타고 낡아진 이야기를 덜어내거나 새로이 했습니다. 무엇보다 사진을 컬러로 복원하였고 글과 함께 알아보며 읽기 쉽도록 적절히 키우고 재배열했습니다. 그래도 여전히 부족한 부분이 있을 것입니다. 그것은 독자들의 되먹임이 모아질 또 다른 후일을 기약합니다. 끝으로 새롭게 펴내는 이 책이 우리 인간들에게 그저 생명 존재들의 말을 더 잘 전할 수 있기만을 기도합니다.

2019년 가을
개정판에 부치며
김용규 씁니다.

'에코 CEO' 김용규, 숲에게 길을 묻다

어제 그를 찾아갔다. 이 책의 추천사를 힘껏 쓰기 전에 그가 지금 얼마나 잘 살고 있는지 보고 싶었다. 그의 '여우숲'*에는 봄이 땅속에서 솟아오르고 있었다. 생강나무꽃이 노랗게 자신을 뿜어내고, 은빛 복분자 줄기가 봄비 속에 빛나고 있었다. 산꿩도 자유로운 고함을 지르며 숲을 들뜨게 하고 있었다. 우리는 그곳, 태양이 빛나는 자리에 감나무 한 그루를 심고 왔다. 그렇게 아름다운

---

* 초판의 원문은 '행복숲'이었다. 저자가 정착 과정에서 이름을 '여우숲'으로 바꿨다. '여우숲'은 '여우를 기다리는 숲'이라는 의미를 담은 이름이다. 여우는 우리 곁에 늘 있었던, 그러나 인간에 의해 멸종한 생명 중 하나다. '여우숲'은 수많은 멸종 생명들의 귀환과 복원을 염원한다는 상징적인 뜻을 담아 저자가 직접 지은 이름이다.

봄날 하루를 그의 여우숲에서 보내고 왔다. 가을이면 우리가 심은 감나무에 감이 주렁주렁 걸리리.

그의 여우숲은 어깨에 진 짐을 내려놓고 자신을 놓아두는 공간이다. 도시의 모든 것을 버리고 괴산 사오랑 뒷산으로 들어올 때 그의 머릿속에는 여우숲에 대한 그림 한 장과 앞으로 마주해야 할 두려움밖에 없었다. 그러나 스스로 여우숲에서 자신을 내려놓고 기쁠 수 없다면, 누구와도 자신의 꿈을 나눌 수 없다는 사실을 그는 잘 알고 있었다. 그래서 그는 뻔한 인생 속에 모험의 흥분과 두려움을 불러들였다. 몇 년간 그는 그렇게 살았다. 앞으로도 그렇게 살 것이다. 그리고 그의 인생은 자신이 그린 그림처럼 펼쳐질 것이다. 나는 의심하지 않는다.

세상이 만들어주는 대로 살지 않는 사나움이 그에게는 있다. 내가 그를 좋아하는 이유다. 나무 한 그루, 풀 한 포기, 똥개 한 마리에도 그의 마음은 스미고 연결된다. 그래서 그가 그윽한 목소리로 구라를 치면 믿지 않을 수 없다. 먼저 그렇게 믿고 그렇게 살고 있기 때문에 우리는 즐겨 그의 이야기에 취한다. 그의 이야기에는 화학조미료의 맛이 없다. 유기농 천연의 힘으로 푹 썩힌 검은 땅에서 자란 아삭한 채소의 맛이고, 산에서 막 채취한 향기로운 취나물과 고들빼기의 맛이다. 도시에 있는 우리들이 반드시 들어야 할 흙냄새 진동하는 자연의 이야기들이다.

그는 이제 자신이 있어야 할 곳에 있다. 나는 그가 이곳에 오기위해 어떤 힘든 과정을 겪었는지 잘 알고 있다. 그리고 앞으로 어떤 어려움과 대면해야 하는지도 잘 알고 있다. 그러나 그는 이 일을 시작하지 않았다면 절대로 얻지 못했을 기쁨과 지혜 속에 살고 있다. 살고 싶은 삶만이 진짜 삶이라는 것을 그는 알고 있다. 그래서 나는 그를 '에코 CEO'라고 부른다. 자신의 삶을 자신의 뜻대로 경영하고 있으니 훌륭한 CEO가 맞고, 그 해법을 숲으로부터 빌려 온 지혜에 의존하니 힘찬 자연인이 맞다. 그러나 그를 낡은 개념을 얼기설기 엮어 어설프게 '에코 CEO'라 부르면 안 된다. 그는 경쟁 대신 상생을 말하고, 돈 대신 행복을 말한다. 성공한 세속의 인물들에게서 피곤한 비법을 배우는 대신 숲에게 길을 물어 사람이 사는 법을 배운다. 그러니 숲처럼 싱싱한 용어로 그를 부르라. 생태경영자, '에코 쎄오 김용규', 이것이 그의 이름이다. 하늘이 푸른 날, 인생에 자유로운 바람 한 줄기가 필요한 날, 그의 이야기를 듣자. 그대, 한 그루의 나무가 되고 미래를 걱정하지 않는 한 포기 풀이 되리.

변화경영 사상가
구본형

희망의 숲에 그대를 초대합니다

모든 길은 욕망의 또 다른 표현입니다. 길이란 항상 지금 서 있는 이곳에서 장차 서 있고 싶은 저곳에 닿기 위해 필요한 것이기 때문입니다. 따라서 욕망하는 모든 존재는 길 위에 서게 됩니다. 결국 생명 있는 모든 존재는 항상 길 위에 서 있는 셈이요, 그 길이 곧 그의 욕망이자 희망인 셈입니다. 일찍이 루쉰魯迅도 희망을 길에 비유한 바 있습니다.

희망은 본래 있다고도 할 수 없고, 없다고도 할 수 없다. 그것은 마치 땅 위의 길과 같은 것이다. 본래 땅 위에는 길이 없었다. 걸어가는 사람이 많아지면 그것이 곧 길이 되는 것이다.

우리는 한동안 아주 많은 사람들이 걷는 길을 의심 없이 걸어왔습니다. 그리고 다른 사람보다 먼저 그 길을 더 빨리, 더 멀리 걷기만 한다면 우리의 삶이 훌륭해질 것이라고 믿었습니다. 신자유주의가 지향해온 이 길을 많은 사람들이 의심 없이 걸었습니다. 그렇기에 우리는 그 길이 곧 희망일 것이라고 믿었습니다. 그러나 그 길은 이제 더 이상 희망이 되지 못하는 길로 판명되었습니다. 사상 최대의 금융위기와 경기침체, 사상 최고의 가계부채와 사교육비, 사상 최악의 범죄율과 빈부격차, 그리고 이혼율…… 절망의 기록들이 연일 경신되고 있습니다. 두려운 것은 이 삭막한 현상의 희생자 명단에 내가 포함될 수 있다는 것입니다.

루쉰은 많은 사람이 걸어가는 곳이 길이 된다 했지만, 그 길이 반드시 내게도 희망일 수는 없습니다. 그 길이 내게 더 이상 희망일수 없을 때, 그 길은 죽은 길이 되고 절망이 됩니다. 한때 희망이라고 믿었던 길 위에서 우리는 지금 절망의 벽을 마주하고 있습니다. 나도 한때 걷던 길 위에서 그런 곤란함과 대면한 적이 있습니다.

30대 중반에 나는 작은 벤처기업의 CEO가 되었습니다. 그것은 내가 직전까지 근무하던 회사가 설립해준 '모험기업'이었습니다. 당시 한국 사회는 벤처 붐이 뜨거웠습니다. IMF시대의 그늘과 절망이 온 사회를 뒤덮었던 때입니다. 이 국가적 위기를 정부는 벤처기업이 불태우는 모험의 힘으로 돌파하고자 했습니다. 많은 자본과 기업이 벤처기업을 인큐베이팅하여 내보내던 시절입니다. 나는 그런 시대적 흐름으로부터 수혜를 받아 졸지에 사장 자리를 얻었습니다.

많은 지인들은 내게 희망의 길 위에 섰다고 말했습니다. 그러나 나는 그렇지 않았습니다. 나는 죽으라고 일했습니다. 아내와 어린 딸을 외국에 보내놓고 일에만 전념했습니다. 사장으로서 삶의 외양은 그럴싸했으나 나의 내면은 늘 거북함을 안고 살았습니다. 책임감이 강하던 나는 늘 과도한 스트레스에 시달렸습니다. 또한 겉보기와 달리 내향성을 지닌 나는 클라이언트와 좋은 관계를 유지하기 위해 업무 외적으로 술자리를 갖고 그들을 접대하는 것이 불편하기 짝이 없었습니다. 가정의 오순도순한 재미도 일에 밀렸습니다. 어린 딸이 어느 날에는 "아빠, 오늘은 좀 일찍 놀러 와!"라고 말할 만큼 나는 바쁜 하숙생 아저씨 같은 삶을 살았습니다.

요컨대, 사람들이 희망의 자리라고 말하던 모험기업의 CEO자리는 내게 맞지 않는 길이었습니다. 그 길은 희망 아닌 것들이 나의 희망을 대신하는 길이었습니다. 당시 많은 사람들이 합류했고, 또 합류하고 싶어 했던 시대적 길의 한 갈래였지만, 나는 그 길 위에서 길을 잃었던 것입니다. 참다운 나는 없고 내 삶의 주인이 따로 있는 길이었습니다. 그것은 주주와 직원과 거래처가 규정하는, 사회적인 나만 존재하는 길이었습니다. 조직을 지키고 키워내야 한다는 의무감에 짓눌린 그 길은 내게 더 이상 희망일 수 없었습니다. 그 길 위에서 더 이상 희망일 수 없는 지점에 다다랐을 때 나는 그 길을 버리고 새로운 길 위에 서기로 결심했습니다.

기업이라는 조직을 떠나기로 했고, 도시를 버리기로 했습니다. 삶의 굽이를 따라 흐르다가 까맣게 잊었던 꿈, 버려야 했던 꿈을 되살려 불러내고 새로운 삶을 시작하기로 했습니다. 내가 항상 좋아했던 것은 학교였고, 숲이었습니다. 밥벌이의 일상을 넘지 못하는 박제된 삶을 청산하고 숲에 들어가 자연을 노래하고 안내하고, 더러 가르치며 살기로 했습니다. 유서를 쓰는 마음으로 아내를 회유하고 때로 협박도 해가며 설득했고, 결국 대표이사 자리를 사임하고 서울의 집도 팔았습니다. 대신 충북 괴산에 산을 장만하고 오두막을 지어 소박한 학교를 열기로 하고 새로운 삶을 시작했습니다.

유학을 다녀온 뒤 대학으로 돌아가 선생이 되고 싶었던 20대의 꿈을 이루기에는 늦은 나이가 되었지만, 숲속에서 내 방식의 오두막 학교를 열고 '자기다운 삶, 더불어 사는 삶'을 고민하는 이들을 모아 '행복한 삶, 생태적인 삶'을 안내해주는 '무면허 선생' 노릇을 하겠다는 꿈을 마흔에 다시 세우고 시작하게 되었습니다.

오두막에 전기를 끌어오는 데만 2년이 걸렸습니다. 오뉴월 뙤약볕으로 샤워하며 맨손으로 돌을 나르고 흙을 퍼 담으면서 오두막을 지었습니다. 고물 트럭이 험한 산길에서 주저앉기를 여러 차례 반복했습니다. 아침이면 손가락이 펴지지 않을 만큼 쓰지 않던 근육들은 힘겨워했습니다.

그러나 나는 이 삶이 좋습니다. 양복을 벗어던지고, 대신 등산복이나 작업복을 입고 땀 흘리며 숲을 누비고 자연이 인간에게 가르치는 이야기를 안내하는 지금의 삶이 나는 정말 좋습니다. 왜 그럴까? 그 답은 명료합니다. 그것이 나이기 때문입니다. 이 삶이 바로 나다운 삶이기 때문입니다. 숲에 있을 때 행복하고, 자연의 가르침을 사람들과 나눌 때 '아, 내가 정말 숨쉬고 있구나! 살아 있구나!' 라고 자각하기 때문입니다. 삶은 그런 것입니다. 자기 호흡대로 숨 쉴 때 삶은 정말 행복해집니다.

나는 절벽이 가로막은 절망의 길을 버리고 새로운 길 위에 섰고, 지금 그 길을 걷고 있습니다. 그러나 그것은 두려운 선택이었습니다. 이제는 정말 내가 되어 나로서 살자고 다짐해놓고도, 한 발자국도 앞으로 나아가지 못하던 때가 있었습니다. 바로 두려움 때문이었습니다. 이제부터 우산 없이 눈과 비와 바람을 맞아야 한다는 두려움이 산처럼 크게 내 앞을 가로막았습니다. 아닐 줄 알았는데 나는 두려워하고 있었습니다. 그래서 힘들 때면 언제나 그랬듯 숲으로 걸어 들어갔습니다. 나는 두려움에 떨며 숲에게 물었습니다.

"내가 정말 나답게 살 수 있을까? 이 새로운 길을 끝까지 걸어가면 내가 닿고 싶은 곳에 닿을 수 있을까?"

숲은 한동안 대답이 없었습니다. 그러던 어느 날, 숲이 내게 말을 걸었습니다.

"숲을 보라! 이곳에서 나고 살고 이루고 떠나는 모든 생명체의 삶을 자세히 들여다보라! 그들이 어떻게 사는지 마음으로 보라!"

나는 숲의 속삭임에 따라 자연을 보기 시작했습니다. 그냥 보는 것이 아니라 그들과 한 덩어리가 되어 그들의 삶을 보기 시작했습니다. 그러자 숲은 날마다 저마다 저답게 삶을 시작하고 이어가는 생명체들의 모습을 보여주기 시작했습니다. 나라는 생명에게도 나로서 시작하고 살아갈 힘이 있다고 매일매일 속삭이고 있었습니다.

"생명을 보라! 벌과 나비를 만날 수 없다고, 그것이 두렵다고 스스로 먼저 시드는 꽃은 한 송이도 없다. 삶은 나라는 생명에게 깃든 위대한 자기완결의 힘을 믿는 한 두려움 없이 나아갈 수 있는 것이다. 생명은 모두 자기로 살 힘을 가졌으므로!"

지금까지 우리는 대다수의 사람들이 걷는 길이 안전한 희망의 길이라 믿으며 걸어왔습니다. 그러나 그 길은 지금 절망스러운 통계들을 보여주며 우리가 품었던 희망을 꺾어놓고 있습니다. 삶이 점점 더 사막과도 같아지는 길이라면 그 길은 절망의 길임에 틀림없습니다. 그 길은 벗어나야 할 길입니다. 벗어날 생각이 없는 그대라면 아직 자신에게 솔직하지 못해서겠지요. 벗어나겠다고 마음먹었지만 그러지 못하는 그대라면 그것은 두려움 때문이겠지요. 두려움이 너무도 커서 그 길을 버리고 새로운 길을 찾아 나를 세우지 못하는 것입니다.

나는 그런 그대를 위해 이 책을 썼습니다. 이 책은 숲속 생명들의 삶을 통해 그대가 그대로서 살 수 있는 길을 보여주고자 합니다. 그대는 숲의 나무와 풀과 새가 어떻게 태어나고, 또 어떻게 역경을 발판 삼아 자신의 하늘을 여는지 보게 될 것입니다. 그들의 탄생과 성장의 드라마는 그대에게 틀림없이 큰 희망과 용기를 줄 것입니다.

또한 그대는 초목이 저마다의 빛으로 피워내는 꽃 한 송이에 얼마나 깊은 삶의 의지와 배려와 사랑이 담겨 있는지 알게 될 것입니다. 불리한 삶의 조건을 넘어서기 위해 그들이 어떻게 투쟁하고 관계하며 살아가는지도 아울러 보게 될 것입니다. 그들은 우리의 방식보다 훨씬 더 아름답고 훌륭하게 부자가 되는 방법을 고안해서 지속해오고 있습니다. 우리는 그들의 방식을 살펴봄으로써 우리가 사막의 방식으로 일하고 다투고 사랑하며 살아가고 있음을 깨닫게 될 것입니다.

그들은 타자의 길을 부러워하지 않는 길을 택해 걷고 있습니다. 이 길은 저다운 꽃을 피워 자기를 실현하면서도 다시 숲 공동체를 살찌우는 방식입니다. 구불구불한 곡선이고 언덕과 내리막이 공존하는 길입니다. 하지만 아름다움이 가득한 길입니다. 그래서 늘 새로운 희망이 담긴 길입니다. 이곳에서 저곳으로 가기 위한 길이면서도 영혼을 위한 길이요, 생명 저마다의 성장을 위한 길입니다. 우주의 질서 안에 복종하는 길입니다. 모든 것이 흐르고 순환하는 길입니다. 그래서 마침내 공평함에 이르는 길입니다. 그것이 숲이 보여주는 길입니다.

이 책은 숲이라는 위대한 유기체의 생태를 통해 '나고 살고 이루고 죽는 것'에 관한 지혜를 은유처럼 제시합니다. 이 책은 그 은유를 자연이 스스로를 지속하는 방식, 특히 숲속 생명체들의 삶의 방식에서 찾고 있습니다. 나무와 들풀, 새와 곤충, 해와 달, 바람과 물 등 숲에 거居하고 거去하는 존재들이 보여주는 '나고 살고 이루고 죽는 것'의 지혜를 엿보는 책입니다. 따라서 이 책은 나무와 들풀이 중심을 이루고 다른 존재들이 어울려 사는 숲에 관한 이야기입니다. 하지만 또한 이 시대를 사는 우리 자신에 관한 이야기입니다. 우리의 길에 대해 묻고 있는 책입니다. 숲속 생명체들의 삶을 통해 우리의 삶을 돌아보고 새로운 길을 찾고자 모색하는 책입니다. 또한 새로운 길 위에 서려는 이들이 자신에 대한 믿음과 용기와 희망을 얻을 수 있는 책입니다. 그러니 이 책은 숲에게 길을 묻는 책입니다. 숲에서 엿본 삶과 죽음의 지혜를 우리 인간의 지혜로 삼자고 제안하는 책입니다. 그 지혜를 자기경영의 전략으로 삼아보자고 권하는 책입니다.

그간 우리는 희망 아닌 것들로 우리의 희망을 채웠는지도 모릅니다. 숲의 가르침을 전하며 나는 오직 희망인 것들로 그대의 삶이 가득 채워지기를 기도합니다.

차례

1막 선택할 수 없는 삶 　　태어나다
　　　　태어난다는 것은 무엇인가?

2막 내 모양을 만드는 삶 　　성장하다
　　　　성장한다는 것은 무엇인가?

태어난다는 것은 무엇인가?

태어난다는 것은 신의 지엄한 명령서를 받는 것이다.

그것은 그대가 우주의 결정에 따라 이 별에 당도한 것을 의미한다.

천변만화의 능력이 깃든 그대라는 씨앗이 이제 막 세상 밖으로

터져 나오기 시작한 것이다.

주어진 자리가 그대의 숙명이다.

그대의 씨앗에 담긴 꽃을 피워 열매를 맺어야 하는 것이 그대의 운명이다.

태어난다는 것은 이 모든 것을 받아들이는 것이다.

또한 길을 끝까지 걸으면서 마침내 이루어야 할 소명을

기쁘게 받아들이는 순간이다.

이제 그대의 삶이 시작되었다.

1막

태어나다
선택할 수 없는 삶

생명

모든 생명은 자기답게 살 힘을 가지고 태어난다

생명이란 것 자체가 환원주의에 대한 반박이다.
즉 전체가 부분의 총합보다는 더 크다는 선언이다.
- 데이비드 스즈키·웨인 그레이디, 《나무와 숲의 연대기》에서

 자연에는 학교가 없습니다. 하지만 누가 부르지 않아도 계절은 어김없이 매년 순환하고, 누가 가르쳐주지 않아도 생명은 모두 그 계절에 화답합니다.

경칩을 넘긴 봄날. 숲은 생명들의 약동으로 분주합니다.

숲이 빚은 옹달샘에는 어느새 개구리가 낳은 알주머니가 보입니다. 옹달샘 주변으로는 지칭개 잎사귀가 분을 바른 듯 흰빛에 숨어 초록으로 키를 키우고 있습니다. 겨우내 메마른 줄기만 앙상했던 산국의 뿌리 곁에는 어느새 새잎이 돋아 가을날에 노랗게 꽃을 피울 준비를 합니다. 개망초 어린잎 옆으로는 냉이의 잎사귀가 제법입니다.

존재의 발견
숲에게 길을 묻다

우수와 경칩 사이에는 한두 마리의 벌만이 윙윙대더니, 이제는 가는 곳마다 그들의 근면을 만나게 됩니다. 땅을 기어 다니는 거미들은 나의 산책용 걸음보다도 더 빠른 걸음으로 숲을 헤집고 다닙니다. 새들도 다르지 않아서 아침저녁으로 이 숲은 장이라도 서는 듯 소란합니다. 아직 숲은 겨울 색 외투를 다 벗지 않았으나 생명들은 이미 모두 새로운 한해살이를 시작하고 있습니다.

지난겨울은 그 어느 때보다도 춥고 가물어 이곳 산중 오두막의 생활이 불편했습니다. 나만이 아니라 숲의 생명들 모두 불편했을 텐데, 그들은 어떻게 그 겨울을 견디고 새로운 삶을 시작하는 것일까요?

정말이지 봄마다 신비합니다. 도대체 숲속 생명들의 이 신비함은 어디에서 오는 것일까요?

여기 그 신비함을 풀어줄 힌트를 담은 몇 가지 사례가 있습니다.

한동안 도토리가 새싹을 틔우는 모습을 유심히 살펴본 적이 있습니다. 그가 어떻게 뿌리를 내리고 그 가는 줄기를 뽑아 올려 저토록 넓은 잎을 내며 수백 년의 첫 삶을 시작하는지 계절을 바꿔가며 관찰해보았습니다. 땅에 떨어진 도토리는 단단한 껍질을 깨고 붉은 빛이 감도는 뿌리를 뻗어 땅으로 향했습니다. 그 연약한 뿌리의 어디에서 그런 힘이 나오는지, 도토리는 땅을 뚫고 자신의 뿌리를 박는 데 어렵지 않게 성공했습니다. 숲의 네트워크에 자신을 연결한 그는 두 쪽으로 갈라진 씨앗을 떡잎으로 이용해 줄기를 키우고 잎을 내며 어린 참나무로 태어나는 데 성공했습니다. 나는 이 과정을

도토리의 발아

한 톨의 도토리 안에
이미 한 그루 참나무의 삶이 있다.

통해 도토리라는 한 알의 씨앗 속에 참나무의 수백 년 삶이 이미 담겨 있음을 알게 되었습니다. 그 작은 원형질 알갱이 속에는 부모로부터 물려받은 삶에 관한 모든 것이 담겨 있었던 것입니다. 씨앗은 오로지 그 작은 알갱이에 담긴 양분만으로 땅을 뚫고, 뿌리를 뻗고, 잎을 만들어냈습니다. 수백 년의 삶을 시작할 최초의 미미한 움직임이 이미 그 자신 안에 모두 있었던 것입니다.

나무의 씨앗만 위대한 것은 아닙니다. 얼마 살지 못하고 제 삶을 마감하는 풀이라 할지라도, 대개 씨앗만큼은 오래 사는 것이 많습니다. 숲과 그 언저리의 땅속에는 상상을 초월할 정도로 많은 씨앗들이 싹을 틔울 날을 꿈꾸며 잠들어 있습니다. 모든 씨앗은 제 온전한 생명의 싹을 껍질로 감싼 채 세상 밖으로 자신을 드러낼 기회를 기다립니다.

언젠가 책을 보다가 2,000년 동안이나 땅속에 묻혀 있던 씨앗이 꽃을 피웠다는 이야기를 본 적이 있습니다. 일본에서 일어난 일입니다. 2,000년간 묻혀 있던 씨앗이 사람에게 발견되어 발아하고 마침내 꽃을 피워서, 온 일본 땅에 자신의 영토를 확보해가고 있다는 내용이었습니다. 긴 세월을 뛰어넘고 제 꽃을 피운 이 놀라운 식물은 일본인들로부터 '오가연꽃'이라 불리고 있습니다. 2,000년의 세월을 씨앗의 상태로 견디고 마침내 자신의 꽃을 피운 이 연꽃을 통해 우리는 생명이 얼마나 위대한 힘을 그 씨앗 안에 담아두었는지 생각해보게 됩니다.

강에서 나서 강을 떠나 바다로 향한 뒤, 다시 자신이 태어난 강으로 되돌아와 산란하고 죽음을 맞는 연어의 삶은 더 극적입니다. 강원도 양양군 남대천의 연어는 치어 기간을 포함하여 1년 정도 고향 하천에 머물면서 자신이 숨 쉬던 물을 기억하고, 그 온도와 냄새 등을 익힙니다. 이후 드넓은 바다로 나아가 1, 2년간의 생을 누리다가 산란할 때가 되면 다시 강원도 그곳 강물을 거슬러 오릅니다. 일반적으로 강을 떠난 연어의 70퍼센트 이상이 자신이 태어난 강으로 회귀하여 산란하고 생을 마감합니다. 한 톨의 연어 알 속에 이미 연어의 삶 전체가 녹아 있는 것입니다. 초목의 씨앗이 담고 있는 생명의 위대함을 연어의 알에서도 느끼지 않을 수 없습니다.

우리는 또한 철새들의 삶에서도 생명의 위대함을 읽을 수 있습니다. 내비게이션 없이 대륙을 횡단하여 계절을 나고, 다시 제 살기 좋은 계절이 되면 이 땅으로 돌아오는 수많은 철새들이 보여주는 그 놀라운 방향감각과 귀소본능을 통해 우리는 날갯죽지의 고단함을 뛰어넘는 생명체의 번식과 생존의 욕망을 읽어낼 수 있습니다.

이 땅의 텃새들도 마찬가지입니다. 대부분의 새들이 그렇듯이 까치는 배우지 않고도 제집을 짓고 그 속에서 삶을 이을 줄 압니다.

까치는 설계도 한 장 가지고 있지 않지만, 죽거나 부러진 나뭇가지만을 골라서 부리만으로 제집을 완성합니다.

보이지 않는 곳에 사는 생명들의 삶도 놀랍기는 마찬가지입니다. 지렁이는 우리가 삽으로 파기도 힘든 땅을 지하 5미터까지도 헤집고 다닙니다. 그것으로 지렁이는 제 삶을 이루고, 또 식물의 뿌리를 위해 수분과 호흡의 공간을 확보해줍니다. 생명의 놀라움은, 길이 1밀리미터에 수명도 3주밖에 되지 않는 꼬마선충에게서도 발견됩니다. 꼬마선충은 제 몸에 있는 1만 9,099개의 유전자를 통해 정교한 통신과 조화를 이루어내며 하루하루 제 삶을 살아냅니다. 생명과학자들은 그들 또한 정교한 '제 삶의 계획서'를 원래부터 갖고 있다고 말합니다.

신은 생명들에게 학교를 세워주지 않았습니다. 그 대신 신은 오히려 생명체 모두에게 배우지 않고도 저다운 삶을 이룰 수 있는 씨앗을 주었습니다. 숲을 이루고 그 숲에 기대어 사는 모든 생명들의 삶이 그것을 말해줍니다.

하지만 우리 대부분은 스스로를 믿지 못하며 살아갑니다. 우리는 학교 공부와 자격증 공부 등을 통해 더 나은 삶에 필요한 기준과 자격을 확보하고자 합니다. 우리나라에서 휴학 없이 대학을 졸업하는 데 소요되는 시간은 16년입니다. 나 또한 제법 오랜 시간 학교에서 공부를 했습니다. 더 나은 삶을 살기 위한 기반을 마련해보겠다고 학교 공부에 투자한 나의 시간은 20여 년에 가깝습니다. 조직 생활에서 남들보다 앞서는 데 필요하다고 여겨지는 다양한 전문지식을 얻기 위해 또 학교와 학원을 기웃거리기도 했습니다.

그것으로 나는 지금까지 거친 세상을 헤쳐 나올 수 있었습니다. 결혼을 했고 아이를 낳았고 그들을 부양할 수 있었습니다. 그러나 나 자신을 만날 수는 없었습니다. 학교나 학원, 혹은 유명하다는 전략 강좌 따위에서는 '나'답게 살 수 있는 어떠한 지혜도 가르쳐주지 않았습니다. 그곳에는 삶을 조금 더 편하게 다룰 수 있는 도구만이 있을 뿐, 나답게 나를 꽃피우며 사는 데 필요한 가르침은 없었습니다. 오히려 예상치 못한 폭풍우나 가뭄, 혹은 혹한이 우리의 삶을 가로지르며 끼어들 때 그동안 배웠던 도구와 기술과 지식은 무용했고, 더러 짐이기까지 했습니다.

나는 오히려 숲을 거닐며 알게 되었습니다. 초목과 곤충과 새들이 어떻게 봄을 기억하여 새로운 삶을 열어가는지, 도토리가 어떻게 수백 년의 제 삶을 시작하고 이루어가는지, 연어는 어떻게 그 거친 물살을 거슬러 오르며 태어난 자리로 회귀하는지, 또 꽃이 어떻게 2,000년의 암흑을 견디고 피어날 수 있었던 것인지…… 모두 저마다의 씨앗 안에 이미 담겨 있는 힘으로 자신의 삶을 열고 이루어가는 것임을 비로소 알게 되었습니다.

하지만 자본주의 질서로 완성된 근대사회는 필연적으로 우리 각자가 생명으로서 지닌 그 위대한 능동성과 대체 불가능한 고유성을 빼앗습니다. 자본 앞에서 인간을 포함한 모든 생명은 무기력합니다. 자본에 노동을 팔고 그 대가로 임금을 받아 살아가야 하는 경제구조 위에서 한 인간은 생명의 측면에서 볼 때 가장 소중한 것

씨앗은 힘이 세다.

제 삶을 열기 위해 땅을 뚫고 일어선다.

을 포기하도록 요구받습니다. 모든 생명은 저마다 고유하고 유일합니다. 누구도 다른 누구를 대체할 수 없는 것이 생명의 근원성입니다. 나는 생명의 가장 귀하고 소중한 특성을 바로 대체 불가능성에서 찾습니다. 그대가 낳은 아이를 다른 이의 아이와 바꿀 수 있습니까? 그대라는 존재를 대체할 수 있는 누군가가 있습니까? 이곳 '여우숲'에 존재하는 돌멩이 하나, 현호색 한 포기 역시 그 자체로 고유하며 유일한 존재입니다. 하지만 우리는 정치·경제·사회 질서가 요구하는 표준과 규격을 따르도록 훈련받아왔고 그 과정에서 유일함을 존중받지 못하는 일에 익숙해졌습니다. 결국 '나'라는 씨앗 안에 무엇이 접혀 있었는지를 잊게 되었습니다.

학교가 이러한 과정에 큰 역할을 해왔습니다. 지금까지 학교는 산업사회를 살아갈 지식과 기술을 습득하도록 도와주었습니다. 그러나 그렇게 습득한 지식은 산업조직이 필요로 하는 지식들일 뿐, 삶의 실존을 살필 지혜로는 턱없이 부족합니다. 결국 인간으로서,

존재의 발견
숲에게 길을 묻다

나라는 존재로서 우리가 왜 사는지, 또 어떻게 살아야 할지에 대한 지혜를 주지는 못합니다.

학교를 통해 얻게 되는 지식의 또 다른 한계는 그러한 지식의 유효성이 짧다는 것입니다. AI(Artificial Intelligence, 인공지능)는 우리의 지적 능력을 능가하기 시작했습니다. 수많은 일자리를 AI가 대체할 전망이 엄연한 현실로 다가왔습니다. 또한 우리는 지금 일국의 경제가 세계의 경제와 깊숙이 맞물려 있는 시대를 살고 있습니다. 세계의 기회와 위험이 곧 내가 몸담고 있는 사회와 조직의 기회요, 위험이 되고 있습니다. 우리가 몸담고 있는 직장 또한 늘 그러한 기회와 위험 사이에서 곡예를 하듯 생존을 모색해야 합니다. 그러니 그러한 조직에 몸담고 있는 우리의 삶도 아슬아슬하기는 마찬가지입니다. 따라서 직장인은 늘 새로워야 합니다. 세상의 새로운 변화와 위험에 대처할 자기만의 무엇을 갖춰야 합니다. 지금까지 습득해온 지식과 기술만으로는 빠르게 변화하는 세상과 느닷없는 위험에 대처하기가 힘듭니다. 이러한 여건 속에서 사람들은 학교와 학원, 그리고 그저 그런 자기계발이론에 기대고 있습니다.

그러나 학교와 학원에서 쌓아온 지식으로는 점점 더 생존의 위협들을 헤쳐 나가기가 어려워지고 있습니다. 세상이 요동칠 때마다 늦가을에 무리 지어 떨어지는 낙엽처럼 우수수 그 지식의 유용성도 거리를 뒹굴고 맙니다. 결국 우리는 십수 년의 시간을 쏟아 유효기간이 대단히 짧은 지식을 습득하고 있는 꼴입니다. 그 과정에서 '나'라는 씨앗 안에 담겨 있는 놀라운 능력은 오히려 사장되었습니다. 학교와 학원과 군대와 사회를 거치면서 생명의 씨앗 안에 담겨 있는 놀라운 프로그램은 오히려 거세되고 말았습니다.

학교나 학원, 혹은 어떤 유사한 조직을 통해서 획득하는 지식과 기술만으로는 더 이상 삶의 미래를 담보할 수 없습니다.

그러므로 이제 균형을 찾아야 합니다. '나'로서 살고자 하는 이라면 '나'라는 씨앗 안에 이미 담겨 있는 놀라운 힘을 회복해나가야 합니다. 본래의 나를 만나야 합니다. 그러나 대부분의 우리는 그러지 못하고 있습니다. 우리가 본래의 나를 찾아 균형을 회복하지 못하는 이유는 두려움 때문입니다. 내가 나를 만나지 못하는 가장 큰 이유는 길을 잃을까 두려워하기 때문입니다. 두려움에 가득 찬 사람들은 하늘이 생명체 모두에게 넣어주신 그 신비로운 능력을 믿지 못합니다. 모든 생명이 그러하듯, 우리 또한 변화에 대처할 수 있는 힘을 이미 우리 스스로의 씨앗 안에 지니고 있는데도, 우리는 그것을 믿지 못합니다. 오히려 우리는 길을 잃을까 두려워 다른 사람들이 걷는 길을 졸졸 따르기만 합니다.

하지만 '나'로서 살고자 하는 사람이라면 길을 잃을까 두려워할 이유가 없습니다. 생명 모두는 언제나 길을 잃음으로써 자신의 진정한 길을 찾기 때문입니다. 헨리 데이비드 소로Henry David Thoreau의 말처럼 "길을 잃어 보기 전에는, 다시 말해서 세상을 잃어버리기 전에는 자기 자신을 찾아내지도, 자신이 지금 서 있는 위치와 자신이 맺고 있는 무한한 관계를 깨닫지도 못하는 것"이 삶이기 때문입니다.

그러니 우리가 두려워하는, '길을 잃는다'는 말은 어쩌면 애초에 성립하지 않는 말일지도 모릅니다. 평생을 침팬지와 함께 살며 생명의 소중함을 전 세계에 알려온 동물행동학자 제인 구달Jane Goodall의 이야기를 들어보면 그 이유가 더 분명해집니다. 그녀는 《희망의 이유Reason for Hope》라는 책에서 이렇게 말했습니다.

삶의 오르막과 내리막, 절망과 기쁨 속에도 어떤 커다란 계획을 따르고 있었다는 믿음이 든다. 물론 그 과정에서 길을 잃고 방황한 때가 많았던 것도 사실이다. 그러나 진실로 길을 잃었던 적은 결코 없다. 보이지도 만져지지도 않는 바람이 떠도는 작은 조각을 정확한 길로 부드럽게 밀거나 혹은 맹렬하게 불어주었던 것처럼 느껴진다. 그 표류하는 작은 조각이 바로 과거의 나였고, 또한 지금의 나이다.

자신의 진정한 마음을 따라 사는 한, 삶이란 흐름을 따라 조금씩 흔들리더라도 결국은 제 모양을 이루며 사는 것이니 두려워하지도, 희망을 놓지도 말라고 그녀는 말하고 있습니다. 그것은 숲속 생명체들이 살아가는 방식과 크게 다르지 않습니다. 앞서 살폈듯이 숲에 사는 모든 생명들은 날마다 저답게 삶을 시작하고, 부딪치고, 또 흔들리며 이어갑니다. 그대라는 생명에게도 그대로서 시작하고 살아갈 힘이 충분히 담겨 있다고 매일매일 속삭여주고 있습니다.

신이 주신 '나'나 '그대'라는 씨앗이 어찌 도토리의 그것과 다르고, 연어의 그것과 다르고, 철새와 텃새의 그것과 다르겠습니까! 태어나는 모양과 자리와 시간이 다를 뿐, 생명 모두의 씨앗 속에는 자기 완결의 힘이 이미 담겨 있습니다. 학교와 학원의 교육만으로는 배울 수 없는 그 힘! 바로 생명 본래의 힘 말입니다.

존재의 발견
숲에게 길을 묻다

숲에는 태어난 자리를
억울해하는 생명이 없다

모든 생명체의 삶은 숙명으로 시작된다.
누군가는 비옥한 시대, 기름진 자리를 받고
다른 누군가는 가뭄의 시대, 척박한 자리를 받고 태어난다.

모든 생명은 하나의 주체로서 살 권리와 능력을 이미 그 씨앗 안에 부여받고 태어납니다. 이것을 깨닫는 것만으로도 우리는 우리 삶의 잃어버린 주인 자리를 되찾는 데 큰 힘을 얻을 수 있습니다. 그러나 생명이 지닌 본래의 능력을 이해하는 것만으로는 삶이 행복해질 수 없습니다. 그렇다고 지금까지 수많은 사람들이 이야기해온, 삶에 필요한 기교를 더 많이 알아야 한다는 것은 아닙니다. 그보다는 자연이 생명에 부여한, 또 다른 중요한 법칙을 이해해야 합니다.

생명 각자가 주체로서 살아갈 힘은 선택의 능력에 바탕하고 있습니다. 생명체는 모두 무엇인가를 선택할 수 있는 능력을 지니고 있습니다. 예컨대, 우리 인간의 삶은 아침에 일어날 때부터 잠들 때까지 매 순간이 선택의 연속입니다. 나무는 스스로 선택하여 빛의 방향으로 잎과 가지를 키우고, 동물은 스스로 선택하여 먹이를 찾아 혹은 쉴 곳을 찾아 움직입니다. 미생물들도 자신을 연결할 유기체를 선택합니다. 예컨대, 송이나 표고, 능이버섯은 저마다 선호하는 수종과 연결되어 곰팡이의 꽃이라고 할 수 있는 자실체를 피워냅니다. 그래서 어떤 사람은 삶을 선택과 그 결과의 집합물이라고 말하곤 합니다.

하지만 지구상의 모든 생명체가 선택할 수 없는 단 한 가지가 있습니다. 그것이 무엇일까요?

잠시 생각해보십시오. 인간도, 짐승도, 나무도, 들풀도 모두 선택할 수 없는 것이 딱 한 가지 존재합니다. 그것이 무엇일까요? 내가 강연을 하거나 숲을 안내하면서 만나는 사람들은 여러 답을 내놓습니다. 그중에서 가끔 '죽음'을 답으로 제시하는 사람들을 만납니다. 하지만 우리는 모질게 마음먹은 사람들의 자살 소식을 가끔씩 접하기도 합니다. 물론 죽음을 선택하는 예는 극히 드물기 때문에 이것은 제한적으로만 옳다고 할 수 있습니다. 하지만 단 하나의 예외도 허용되지 않는 정답은 오히려 죽음의 반대편에 있는 것입니다.

맞습니다. 그것은 '태어나는 것', 즉 '탄생'입니다.

태어나고 싶다고 태어날 수 있는 생명체가 있을까요? 나는 그런 소식을 들어본 적이 없습니다.

또 자신이 나고 싶은 자리에 날 수 있는 자유와 권리를 가진 생

돌 담쟁이덩굴

벽의 민들레

탄생, 그것은 숙명이다.
돌 틈새 속과 벽을 배경으로 한 자리에서도 삶은 시작된다.

명체가 있을까요? 절대 없습니다. 나는 이것을 모든 생명체에 부여된 '탄생의 불가역성不可逆性'이라고 부릅니다. 그리고 그로 인해 형성되는, 바꿀 수 없는 관계들을 포함하여 '숙명宿命'이라고 정의합니다.

어느 곳이건 숲에는 숙명의 증거들이 지천입니다. 숲에 서서 나무들의 삶을 자세히 들여다보면 그 사실을 알 수 있습니다.

내가 머무는 이 숲에는 50년쯤 자란 버드나무가 살고 있습니다. 빛을 향해 튼실한 줄기를 키우고 부드러운 가지를 내온 덕분에 수형樹形의 자태가 어느 인공의 조경수보다도 아름답습니다. 알다시피 버드나무는 물을 좋아합니다. 나무 옆에는 아주 작은 야생의 옹달샘이 하나 있는데, 이 버드나무는 아마도 그래서 이곳에서 발아했겠지요. 옹달샘이 생성하는 풍부한 수분이 우연히 날아온 버드나무 씨앗의 발아를 도운 덕분에 그 씨앗은 지금까지 그 삶을 키워왔습니다. 그는 저 작은 옹달샘의 도움으로 이만큼 큰 것입니다.

칡덩굴에 휘감겨 위기의 시절을 보내고 있는 버드나무

자신을 휘감는 칡덩굴로 인해 버드나무가 위태롭다.

하지만 태어난 자리.

그리고 주변 생명체와의 관계도 역시 숙명이다.

그런데 이 버드나무가 요즘 위기의 시절을 보내고 있습니다. 바로 옆에 자리 잡은 칡덩굴이 자신의 몸을 휘감으며 하늘을 가리기 때문입니다. 동물과는 달리 단 한 발자국도 스스로 움직일 수 없는 나무는 태어난 자리, 그리고 주변 생명체와의 관계가 숙명이 됩니다. 타자를 향해 총을 쏠 수도, 칼을 휘두를 수도, 도망칠 수도 없는 것이 나무라는 존재이기 때문입니다.

나무는 온전히 서 있는 채로, 태어난 자리의 환경 및 주변과의 관계를 극복해야 하는 생명체입니다. 이 버드나무는 자기를 타고 오르는 칡덩굴보다 더 높이 자기 잎을 키워내야 합니다. 그러지 못하면 버드나무는 자신의 하늘을 열 수 없습니다. 자신의 하늘을 열지 못하면 그는 안타깝게도 머지않아 죽음을 맞을 것입니다.

그는 지금 햇빛의 차단으로부터 자신을 지켜내야만 삶을 계속할 수 있는 위기의 시절을 맞이하고 있습니다. 그가 스스로를 지켜내고 삶을 지속하기를 바라는 마음으로 나는 그를 '힘찬 버들'이라 부릅니다. 산책에 나설 때마다 나는 그에게 '힘을 내라'고 응원을 보냅니다.

한편 이 숲의 정상부에는 아주 특별한 수형을 지닌 소나무가 자라고 있습니다. 그는 여느 소나무처럼 곧게 자라지 못했습니다. 자신의 가지를 좌우로 거의 180도쯤 꺾고, 다시 전방으로 90도쯤 꺾은 채 자라는 모습입니다. 대략 20여 년쯤 자란 것으로 추정되는 이 나무는 제 어미나무 아래에서 발아했습니다.

이곳 숲의 정상부는 빛의 조건이 좋습니다. 거의 온종일 햇살을 받을 수가 있지요. 따라서 이 소나무가 유년기를 보내는 데는 큰 어려움이 없었을 것입니다. 하지만 이 나무는 점점 키를 키우면서 어미나무의 영향을 받았을 것입니다. 소나무는 음지를 견디는 성질 (내음성耐陰性)이 약한 양수陽樹에 속합니다. 즉 소나무는 주목朱木이나 서어나무 같은 음수陰樹에 비해 빛이 부족한 환경을 견디는 능력이 부족합니다. 그러니 어미나무의 그림자는 이 어린 나무가 자라면 자랄수록 생장에 큰 제약으로 작용했을 것입니다. 이 나무의 수형이 그토록 특별한 것은 빛을 찾아 이리저리 자신의 줄기를 꺾으며 삶을 계속한 고난과 투쟁의 모습이 담겨 있기 때문입니다.

다시 이야기하겠지만 식물 대부분은 자신의 종자를 자기로부터 멀리 내보내기 위해 큰 공을 들입니다. 어미 아래에서 발아해 양분과 빛을 놓고 어미와 다투며 살아야 하는, 몹쓸 관계를 원하지 않기 때문입니다. 그러니 어미 밑에서 발아한 이 나무는 무척 가혹한 숙명을 안고 태어난 셈입니다.

식물에게 숙명은 그런 것입니다. 성숙한 씨앗이 자신을 부모로부터 분리하여 옮겨주는 매개체를 만나는 바로 그 순간부터 숙명은 예비됩니다. 바람, 물, 혹은 동물 등의 움직임에 몸을 싣고 떠나 우연한 장소에 떨어졌을 때, 발아할 수 있는 물리적 조건을 만나면 그들의 숙명은 시작됩니다. 이제 씨앗은 그곳을 어쩌지 못합니다. 그 땅이 그에게 주어진 삶의 여건입니다. 씨앗은 오직 그 주어진 여건에서 발아를 통해 나무의 삶을 시작하게 됩니다.

인간에게도 그것은 숙명입니다. 인간 또한 나무처럼 부모의 몸을

민들레 씨앗이 길을 떠나려 한다.
이제 곧 바람을 탈 것이다.
더러 물 위에 떨어지기도 하고
나뭇잎에 걸릴 수도 있다.
모든 씨앗에게는
자신의 자리를 부여받아
싹을 틔우는 것만으로도 희망이다.

빌려 어느 시간대에 태어나 그곳에서부터 자신의 삶을 시작해야 합니다. 그 환경이 비옥하든 척박하든 태어난 자리에서 그의 삶은 시작되는 것입니다. 힘겨운 자리에 태어난 억울함이 있다 해도 어쩔 수 없습니다.

어떤 생명체도 태어나는 시간과 장소(혹은 여건)에 대해 선택할 권리를 부여받지 못하기 때문입니다. 어쩌면 이것이야말로 많은 사람들이 세상을 불공평하게 생각하고, 태어난 자리를 억울하게 여기는 원인일 것입니다. 하지만 우리는 우리의 태어남과 그 여건을 어쩔 수 없습니다. 왜냐하면 그것이 조물주가 그 생명에게 부여한 자리이기 때문입니다. 즉 조물주가 모든 생명 있는 존재들에게 부여한 '본래宿의 명命', 즉 숙명宿命이기 때문입니다.

혹시 그대도 살면서 태어난 자리가 억울하다고 생각한 적이 있을지 모르겠습니다. 탄생의 불가역성이 가혹하다 생각한 적이 있을지도 모르겠습니다. 나는 퍽 오랫동안 그런 분노를 안고 살았습니다.

그러나 숲의 생명체들이 걷는 길을 보면서 생각을 바꾸게 되었습니다. 한 발자국도 움직일 수 없는 숲속의 식물들이 각자 씨앗이 떨어진 자리에서 제 삶을 살아내는 모습을 수도 없이 보면서 생각이 바뀌기 시작했습니다. 숲은 그 생명체들이 숙명을 대하며 살아가는 방식을 보여줌으로써 오랫동안 내 가슴을 차지했던 억울함을 씻어주었습니다. 한결 편안한 마음으로 삶을 대할 수 있게 도와주었습니다.

아직 이 마음에 공감하지 못하는 그대라면 억울한 생각을 잠시 내려놓고 조금 더 숲의 가르침에 귀 기울여보면 좋겠습니다. 숙명이 지천인 숲이라지만, 생명 각자는 발아한 그 자리에서 눈부시게 아름다운 그들만의 삶을 살아가고 있으니까요. 나는 아직 주어진 자리가 억울하다고 분노하는 나무 한 그루, 풀 한 포기 만나본 적이 없습니다.

존재의 발견
숲에게 길을 묻다

노예로 살 것인가?
주인으로 살 것인가?

누구도 태어나는 때와 장소, 부모를 선택할 수 없다.
그러나 나머지 수만 가지에 대해서는 그렇지 않다.
하늘은 우리에게 자기 삶의 주인으로 살 권리를 남겨두었다.

숲에 기대어 사는 삶을 시작하면서부터 숲은 나에게 스승이 되어주었습니다. 그의 가르침을 얻기 위해 내게 필요했던 것은 다만 더 나은 삶을 위한 기술과 기교를 내려놓는 것이었습니다. 조용조용 숲의 오솔길로 걸어 들어가 가만가만 만나는 것이었습니다. 흙 내음을 맡고 나무에게 말을 걸고 꽃들에게 인사를 하는 것이었습니다. 새들의 소리에 귀 기울이고 바람과 비와 눈에 나를 맡기는 것이었습니다.

숲은 생명에게 주어진 위대한 능력과 그 생명에게 부여된 거스를 수 없는 숙명을 내가 이해하고 수용할 수 있도록 가르쳐주었습니다. 이것을 느끼고 인정하는 것만으로도 나는 내 삶의 주인으로 살아갈 수 있는 용기를 얻었습니다. 하지만 숲은 내 삶을 이해하는 데 필요한 또 하나의 중요한 가르침을 주었습니다.

어느 날 숲이 내게 이렇게 묻습니다. 그대 또한 지금 같은 질문을 받았다고 생각하고 답을 떠올려보십시오.

지구상에 존재하는 모든 것은 변한다. 모든 것이 변한다는 것은 만고의 진리다. 그렇지만 변하지 않는 것이 딱 하나 있다. 그것이 무엇인가?

재치 있는 사람은 이렇게 대답할 것입니다.

"'세상에 변하지 않는 것은 없다'라는 사실만이 변하지 않는다."

근사합니다. 그만큼 '모든 것은 변한다'는 인식이 우리 사회로부터 보편성을 획득하고 있습니다.

하지만 그것은 정답이 아닙니다. 왜냐하면 정말 변하지 않는 것이 하나 있기 때문입니다. 그것이 무엇일까요? 바로 '시간의 흐름'입니다.

과학자들의 추정처럼 약 150억 년 전 우주의 대폭발이 있었고, 그 폭발로 발생한 가스와 먼지들이 점점 크게 뭉쳐지면서 약 46억 년 전에 지구가 탄생했습니다. 그 후 하루도 빠짐없이 지구는 시간의 축선 위에서 자전과 공전을 계속하고 있습니다. 약 38억 년 전 생명이 살 수 없는 대기에 물이 형성되고 원시 생명체가 나타나면서 지구에는 생명의 역사가 시작되었고, 그 이후 단 한순간도 시간의 흐름이 바뀐 적은 없습니다. 오로지 공간을 점유했던 물질과 생명의 역사만이 끊임없이 변화해왔습니다. 시간은 꾸준하되, 공간의 점유자들만이 변화에 변화를 거듭한 것입니다.

숲을 공부하고 그 가르침을 들으면서 나는 우리 인간의 삶을 이러한 시공의 좌표 속에서 바라보게 되었습니다. 이 관점은 개개 생명체의 희망과는 관계없이 모든 생명체가 시간과 공간의 (물리적) 조건이 일치하는 지점에서 태어나 살고 꽃피우고 열매 맺고 떠나도록 계획되어 있다고 보는 것입니다. 이것이야말로 지구상에 생명체가 존재한 이후 단 한 번도 변한 적이 없는 사실입니다. 삶을 전체 시간의 흐름 속에서 그 삶이 점유하는 공간적 토대와 관련 지어 파악하는 관점은 개체의 디테일에 초점을 두는 오늘날의 지배적 관점이 갖는 한계를 보완합니다. 그것은 누군가의 삶을 전체적 관계 속에서 파악하게 할 뿐만 아니라, 각자의 삶을 조금 더 가볍고 편안하게 통찰하도록 도와줍니다.

이 관점은 동양의 전통적 관점이기도 합니다. 명리학이 이를 가장 잘 담아낸 사례인 듯합니다. 명리학자들은 인간의 삶을 시공의 좌표 선상에 올려놓고 설명합니다. 그들은 탄생의 순간부터 과거와 현재, 그리고 미래의 삶을 우주의 시간 속에서 대응점을 찾아 설명합니다. 30년간 자연의 이치와 명리命理를 연구하여 《주역강의》를 저술한 초아 서대원 선생은 이에 대해 탁월한 식견을 보여줍니다. 그의 표현을 정리하여 인간의 삶을 그림으로 나타내면 시간 속에서 우리 삶의 전체적 위치가 명확해집니다.

시간의 흐름   인간의 삶

'시간의 흐름'이라는 x축에 '인간이라는 생명체의 삶'이 얹혀서 y축을 이룹니다. 지구가 탄생하고 지금까지 46억 년이라는 시간이 장구히 흐르고 있습니다. 인생이란 것은 어머니의 배를 빌려 시간이라는 흐름의 열차에 잠시 올라타는 것에서부터 출발합니다. 그때가 바로 그대라는 인생의 y축이 시작되는 지점입니다. 생명체로서 그대의 삶은 대략 80여 년간 지속됩니다. 우주의 시간 속에서 미세한 먼지 분량도 되지 않는 크기의 시간과 공간을 점유하고 죽음을 맞이해 땅으로 되돌아가는 것으로 그대는 열차에서 내리게 됩니다. 그때가 바로 그대라는 인생의 y축이 끝나는 지점이 될 것입니다.

모든 생명체가 부여받는 탄생이라는 숙명은 이 시간의 흐름에 올라타는 것을 말합니다. 어느 시간대, 어느 환경에서 태어날지 어느 생명체도 그 시공간의 좌표를 스스로 결정할 수 없다는 것, 그것이 조물주가 생명체 모두에게 부여한 숙명입니다. 그러니 숙명은 미리 정해진 운명이라 할 수 있습니다. 숙명은 조물주가 어느 생명체에게 이 시대, 이 공간이 네가 한평생 살아갈 터전임을 선포하는 불가사의하고 막중한 결정문과도 같습니다. 그러므로 혼란의 시대, 척박한 공간에서 태어나는 생명체에게 이 숙명이란 놈이 어찌 억울하고 가혹하다 느껴지지 않겠습니까.

그렇게 삶은 마치 결정된 듯이 우리에게 주어집니다. 그렇다면 그 주어진 삶은 바꿀 수 없는 것일까요? 열악함을 안고 태어난 이는 영영 그 삶을 저주하며 살아야 하는 것일까요? 정녕 삶이 그런 것이라면 나는 "신은 죽었다"고 선포한 니체보다 더 과격한 표현과 행동으로 조물주를 부정하고 싶습니다.

어쩌면 수많은 생명체의 삶이 미리 지정된 조건에 따라 흘러가는지도 모릅니다. 그러나 그것은 너무 수동적이고, 때로는 너무 억울합니다. 따라서 그것을 넘어선 곳에 생명체 스스로에게 부여한 자율의 그 무엇이 있지 않을까요?

사막과도 같은 시공간을 부여받고 사는 모든 사람들에게 희망이 될 수 있는 이 질문에 대한 답을 나는 숲에 사는 나무와 들풀에서 찾았습니다.

그것을 나는 '운명運命'이라고 정의합니다. 나는 '운명'을 '숙명'과 다른 개념으로 정리합니다. 그것은 뜻 그대로 '명命'을 운영하는 것입니다. '거스를 수 없는不可逆 것'이 아니라 '거스를 수 있는可逆' 대상입니다. 이는, 태어나는 자리와 그 관계는 거스를 수 없지만, 그 자리에서 자기 삶의 방향을 선택하고 그 길을 걸어갈 수 있다는, 자율과 자기통제의 뜻을 담고 있는 말입니다. 그림에 표현한 y축의 삶을 어떤 모양으로, 어떤 색깔로, 어떤 크기로 그려낼 것인가가 바로 운명입니다. 장구한 우주 전체의 시간으로 보면 한 점의 먼지보다 작지만 한 생명으로 보면 그것이 전부인, '한 개체의 위대한 흔적에 관한 운영'이 바로 운명입니다.

그렇지만 운명이란 놈도 결코 독립적일 수만은 없습니다. 그것은 수많은 제약들 속에서만 자유로울 수 있는 별난 놈입니다. 운명은 수많은 타자와의 관계와 맞물려 운영되는 것입니다. 그래서 역동적이고, 그래서 제한적입니다.

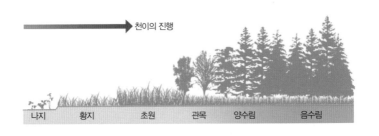

숲은 항상 운명의 역동 속에 놓여 있습니다.

숲 전체를 놓고 보았을 때도 시간과 공간의 역동적 작용 속에서 초목의 삶이 운영됨을 보여주는 개념이 존재합니다. 바로 숲의 천이遷移. succession입니다. 식물이 거의 살지 않는 황무지에 소나무의 씨앗이 떨어졌습니다. 그가 거기에 뿌리를 내리고 자신의 삶을 시작할 수 있을까요? 소나무가 빛이 많은 땅을 좋아한다고는 하지만, 그래서 주변에 햇빛을 가릴 다른 나무들이 없는 게 좋은 생육 조건이라고는 하지만, 그것은 거의 불가능합니다. 왜냐하면 소나무가 뿌리를 내리고 살아갈 수 있는 토양이 되려면 그보다 먼저 다른 식물들이 나고 죽으면서 그 분해 과정을 통해 토양의 비옥도를 높여야 하기 때문입니다.

존재의 발견
숲에게 길을 묻다

일반적으로 황무지에서는 척박함을 견딜 수 있는 풀(초본류)이 먼저 자라기 시작합니다. 몇 년간 그들이 나고 죽으면서 토양의 비옥도가 어느 정도 높아지면, 황무지는 풀밭으로 변합니다. 토양 속에 영양물질이 축적되어 더 많은 풀들이 살 수 있기 때문입니다. 시간이 흐르면서 그들의 삶과 죽음이 반복되고 토양은 비옥도를 더해갑니다. 이윽고 키 작은 떨기나무(관목류)들이 뿌리를 내리고 제 삶을 이어갈 수 있게 됩니다. 다시 시간이 흐르고 토양의 영양물질도 변해갑니다. 이때야 비로소 소나무처럼 햇빛을 좋아하고 약간의 척박함을 견딜 수 있는, 큰 키의 나무들(교목류)이 제 삶을 시작할 수 있습니다. 소나무가 자라면서 그 아래에 그늘이 생기고 소나무가 떨어뜨리는 바늘잎들이 쌓입니다. 풀들의 생존은 점점 어려워집니다. 소나무는 더욱 번성합니다.

하지만 소나무 같은 양수들의 시대가 언제까지고 지속되는 것은 아닙니다. 반그늘의 상태를 뚫고 팥배나무나 층층나무 같은 중성수中性樹들이 자라기 시작합니다. 또한 신갈나무 같은 참나무들도 자리를 잡기 시작합니다. 숲에서는 나무들이 춘추전국시대를 겪으며 각축을 벌입니다. 그 사이 그 아래에는 주목이나 서어나무처럼 음지를 견디는 힘이 강한 음수陰樹들이 자라나기 시작합니다. 긴 시간을 거치면서 숲의 하늘을 음수들이 차지하게 됩니다.

이것을 '숲의 천이'라고 부릅니다. 숲의 천이는 초목들이 시간의 흐름 속에서 공간을 점유하고 변화시켜가는 숲의 현상입니다. 숲의 천이 과정에 따라 그곳에 기대어 사는 동물들도 변화하는 것이 당연합니다. 키 작은 떨기나무들이 우세한 숲에는 작은 새들이 깃들다가 숲이 우거져갈수록 점점 큰 새들이 날아오는 것과 같은 이치입니다. 천이야말로 시간과 공간의 역동을 아주 잘 설명해주는 숲의 현상입니다.

숲 전체가 이렇게 흘러갈 때 숲에 사는 개별 종 또한 이런 시공간의 역동 속에서 자신의 삶을 운영해가게 됩니다.

내가 사는 이 숲에는 군데군데 낙엽송이라고도 불리는 일본잎갈나무가 군락을 이루고 있습니다. 이 나무들은 한국전쟁 때 피난 내려온 실향민들이 화전을 일구며 살았던 자리에 자라고 있습니다. 아마도 이 나무들은, 정부가 산림녹화 사업을 추진하면서 산중에 있는 독가촌을 정리하고 낙엽송을 군락으로 조림하던 시절에 심어졌겠지요.

이 나무들은 좁은 공간을 부여받았습니다. 어린 나무를 심을 당시에, 성목이 되었을 때 나무가 차지할 공간을 고려하지 않았기 때문입니다. 사람들이 처음 그들을 심으면서 부여했던, 볕 좋았던 자리가 생장하면 할수록 그들에게는 비좁은 투쟁의 공간으로 바뀌었을 것입니다. 그들이 겪어냈을, 빛을 향한 경쟁은 그들의 수형에 고스란히 기록되어 있습니다. 너른 땅을 부여받은 낙엽송들에 비해 이 좁은 땅에서 자라는 낙엽송들은 가지가 주로 나무의 윗부분에 몰려 있습니다. 정상적인 나무들이 아래쪽에도 가지를 넓게 달고 있는 모습과는 대조적입니다. 이것은 좁은 공간에서 자라야 하

존재의 발견
숲에게 길을 묻다

는 이곳 나무들이 선택한 삶의 지혜를 보여주는 모습입니다. 좁은 간격으로 조림된 상황에서 나무들은 서로 가지가 겹쳤을 것입니다. 결국 서로의 가지에 의해 빛을 차단당하게 되고, 빛을 차단당한 가지들이 죽으면서 그 사체들을 떨어뜨린 모습이 바로 오늘날 그들의 모습인 셈입니다.

이 자리에 줄 맞춰 조림된 것이 그들에겐 숙명이었고, 자라는 동안 빛을 다투며 키를 키워내야 하는 열악한 여건 역시 움직일 수 없는 그들에겐 숙명이었습니다. 하지만 이제 그들의 삶은 평안해 보입니다. 군락을 이룬 모습이 마치 우애 좋은 형제들인 양 다복하게 느껴집니다. 삶을 향한 치열한 다툼 속에서도 각자 살아갈 방도를 발견하고 그 방도를 선택하며 실천했기 때문입니다. 비록 넓은 공간에서 마음껏 가지를 뻗으며 자라난, 같은 종류의 나무처럼 우람하고 힘찬 모습은 아니지만, 낙엽송 본래의 모습을 지킨 채 곧게 하늘을 열며 삶을 계속하고 있는 모습입니다.

나는 이들이 만든 숲 공간에 머무르며 숲의 이야기에 귀 기울이기를 좋아합니다. 나는 이들이 사는 곳에 '선택의 공간'이라는 이름을 붙여두었습니다. 좁은 환경이라는 제약을 이겨내고 조화를 찾아낸 그들의 선택이 아름다워서 생각해낸 이름입니다.

나무나 인간이나 태어난 시간과 공간으로부터 자유롭지 못합니다. 모진 시대에 험난한 공간에서 태어난 생명은 부지기수입니다. 만약 그대가 1934년, 백두대간의 한 자락 심심산골에 태어났다면

숲은 항상 시간과 공간의 역동으로 흘러간다.

그곳에 사는 생명은 주어진 명을 저답게

운영하는 것으로 그 역동의 파도를 넘어간다.

더러 파도를 넘지 못하고 스러지는 생명도 있다.

어떤 생을 살았을까요? 나의 아버지는 세 살에 당신의 어머니를 잃었습니다. 당신은 우리말을 쓰는 것이 금지된 일제강점기 막바지에 학교에 들어갑니다. 어린 나이에 걸어서 다니기에는 너무 먼 학교를 매일 걸어서 다녔습니다. 어렵게 도시로 유학을 간 고등학교 시절, 전쟁이 터졌습니다. 학업을 중단하고 고향으로 돌아가 전쟁을 피할 수밖에 없었죠. 전쟁의 막바지에 당신의 고향은 백두대간을 퇴로로 삼은 인민군과 국군과 미군이 뒤엉킨 공포의 공간 속에서 이념의 끔찍한 칼날을 감당하고 있었습니다. 소 십수 마리를 무장한 자들에게 빼앗겼고 당신의 아버지마저 잃게 됩니다. 그렇게 고아가 된 당신은 어른 노릇을 하며 삶을 감당해야 했습니다. 학업은 중단되었으며 이런저런 일들을 도모하며 삶을 꾸렸으나 전후의 공간은 피폐했습니다. 나는 그 시절 절대 약자인 여성들의 삶이 또 얼마나 힘겹고 두려웠는지 어머니의 증언으로 들은 바 있습니다. 그 시대만이 아닙니다. 그만큼 어려운 여건에서 태어나고 자라나야 하는 일은 지금도 이 지구상에 존재합니다. 지구 저편에서 점점 사막으로 변해가는 아프리카는 지금 끔찍한 시간을 통과하고 있습니다. 나면서부터 기아의 여건을 감당해야 하는 그곳의 아이들을 떠올려 보십시오. 그곳은 인류 역사 초기에는 따뜻하고 먹을 것이 풍부했지만, 지금은 우리가 사는 이곳에 비할 수 없을 정도로 참혹한 공간이 되어버렸습니다. 그곳에서 태어난 삶은 생각만으로도 힘겹습니다. 하지만 어쩌겠습니까! 태어난다는 것은, 언제 어느 공간에서 태어날지 선택할 수 없다는 것은 오직 생명에게 주어지는 숙명인 것을!

존재의 발견
숲에게 길을 묻다

그러나 그것이 전부라면 삶은 오로지 고통뿐일 것입니다. 다행히 숙명은 생명체 스스로 선택하고 운영할 수 있는 운명이라는 장치와 맞물리며 생을 구성합니다. 의도하지 않은 가난과 결핍과 고통을 만났을지라도, 운명은 그 제약 속에서 제 씨앗을 터뜨리고 꽃을 피울 기회를 허용합니다. 어떻게 그 기회를 맞을 것인가는 오로지 개별 생명체의 몫입니다.

현대를 물질의 풍요가 넘쳐나는 시대라고 하지만, 여전히 황무지와도 같은 결핍을 '주어진 명'으로 받고 태어나는 사람들은 수없이 많습니다. 그들 중 누구는 배경을 탓하며 제 삶을 시들게 하는 반면, 누구는 그 '주어진 명' 위에서 자기다운 삶을 우뚝 세우는 것으로 자신의 존재를 실현합니다.

미국 캐터필러사 불도저 사업부의 CEO를 지낸 제임스 데스페인의 삶은 이 점에서 귀감이 됩니다.

그는 광산촌의 가난한 집안에서 태어났습니다. 그의 아버지는 광부였습니다. 타고난 배경에 맞추어 살았더라면 그의 미래 또한 자기 아버지나 주변 어른들의 삶과 다르지 않았을 것입니다. 그에게 대학은 꿈도 꿀 수 없는 것이었습니다. 고등학교도 온갖 아르바이트를 해가며 겨우 졸업할 수 있었습니다. 이후 그는 한 중장비 회사의 청소부가 되었습니다. 그러지 않았다면 그는 광부의 길을 걸었겠지요.

그는 매사에 최선을 다했습니다. 청소부에서 수습 직공이 되었을 때 그는 매우 기뻤습니다. 주어진 여건에서 최선을 다한 그는 스스로의 삶을 개척하여 마침내 그 회사의 CEO가 되었습니다. 그는 이렇게 말합니다. "보고 듣고 읽고 끊임없이 물었다. 시도도 해보고 실패도 해보았다. 그것을 통해 늘 배우고 또다시 시작했다."

나의 아버지 역시 마찬가지입니다. 그렇게 가혹한 숙명의 시공 속에 태어나 2019년 10월 1일 이 세상을 떠나신 아버지를 보내드리며 나는 함께 슬퍼해주신 분들에게 이런 문장을 담아 당신의 일생을 축약했습니다.

일제강점기에 이 땅으로 오셔서 전쟁과 가난과 폭정의 시대를 온 삶으로 감당하신 아버지, 그 가혹한 운명 속에서도 신이 주신 삶의 숙제를 온전히 사랑하는 것으로 풀며 당신 삶의 별이 된 아버지, 하지만 이제 더는 실존으로 들을 수도 만질 수도 없는 세계로 떠나가신 아버지, 사무치게 그립습니다.

이렇듯 숙명에 먹히지 않고, 오히려 숙명을 다스리며 자기 삶을 살아내는 것은 결코 낭만이 아닙니다. 모든 생명체들에게 그것은 차라리 지독한 선택입니다. 억울함과 분노와 절망에 머물며 자기 영혼을 썩게 하는 대신 차라리 통절한 전환을 모색하는 것입니다. 그 전환은 거칠 것 없는 숙명을 타고난 이들의 모습을 부러워하고 따라 하는 것으로 이룰 수 있는 느슨한 변화가 아닙니다. 나무들처럼 자신의 가지를 미련 없이 쳐내야 하는, 아프고 고된 일입니다. 제임스 데스페인처럼 수없이 시도하고 실패를 넘어야 하는 것입니다. 무엇보다 그것은 자기 씨앗에 담겨 있는 본원을 확인하고 그 힘을 믿는 일이며, 자신이 살아가야 할 '시대와 공간'을 아는 일입니다. 나를 아는 것, 내가 태어난 때와 그 여건을 아는 것, 그리고 생명체로서 내게 주어진 놀라운 힘을 믿고 끝까지 힘차게 살아내는 것! 이것이 생명을 부여받은 자들이 할 일입니다.

수용

시작하자! 신갈나무처럼,
담쟁이덩굴처럼!

하늘은 모든 생명에게 제 소용을 주어 이 땅에 보낸다.
그러니 나 또한 우주적 소용이 깃든 존재다.
우리 삶의 소용을 정하는 것은 오직 신의 영역이다.
우리의 역할은 다만 그 우주적 소용을 믿고 주어진 삶을 살아가는 것이다.

　　　　　　　　　　　서울에서 회사를 운영하며 살 때 경기도 양평에서
텃밭 규모의 농사를 지은 적이 있습니다. 이제 막 초등학교에 들어
간 딸에게 소중한 유년의 기억을 주고 싶어서였습니다. 나는 그때
나 지금이나 우리 아이들이 자연으로부터 유리된 채, 또 노동으로
부터 유리된 채 성장하는 것은 큰 문제가 있다고 믿습니다. 학교에
서 아무리 훌륭하게 자연을 가르친다 해도, 그것은 오감으로 체득
하며 알아가는 자연과는 너무도 다른 자연입니다. 자연은 머리로만
이해할 수 있는 대상이 결코 아닙니다. 책이나 생각만으로 이해되
는 자연은 그저 나 밖에 존재하는 별개의 세계일 뿐입니다. 그래서
는 절대 우리가 자연의 일부이며 그들의 수고와 함께 살아가고 있

존재의 발견
숲에게 길을 묻다

다는 사실을 느낄 수 없습니다.

뙤약볕에서 김을 매던 어느 날 딸이 주변에 널려 있던 산딸기를 따 먹다가 새참 시간이 되어 밭으로 돌아왔습니다. 새참을 먹으면서도 녀석의 눈은 한곳에 머물지 못했습니다. 나비를 보면 나비에 열광하고, 거미를 보면 거미에 열광하면서 즐거워했습니다. 조용한 순간은 오직 먹을 때와 놀 곳을 탐색할 때뿐이었습니다.

놀이터를 찾으려고 이곳저곳을 살피던 녀석이 밭 쪽에 서 있는 나무 한 그루를 발견했습니다. 잔뜩 휘어진 소나무였습니다. 딸이 말했습니다.

"아빠! 저 나무는 왜 저렇게 휘었을까? 좀 불쌍해 보인다."

아닌 게 아니라, 소나무의 줄기는 이쪽저쪽으로 많이 굽어 있었습니다. 아마 어릴 때 주위의 큰 나무 때문에 햇빛이 가려졌던 모양입니다. 그래서 빛을 향해 열심히 가지를 뻗느라 그렇게 자란 것 같았습니다.

그 나무가 불쌍해 보인다는 딸의 말이 갸륵하게 느껴지긴 했지만, 딸의 생각이 거기에 머무르지 않고 한 걸음 더 나아가기를 바랐습니다. 그래서 이렇게 물었습니다.

"음, 얼마 전에 아빠랑 함께 갔던 경복궁의 근정전이 기억나니?"

"응!"

"그럼 그 건물을 받치고 있던 기둥은 생각나니?"

"응!"

딸이 대답했습니다.

다시 내가 물었습니다.

"아주 반듯하고 웅장하긴 하지만, 그 기둥도 저 나무와 같은 소나무란다. 또 얼마 전에 책에서 보았던 정이품송 있지? 세조가 행차할 때 가마가 걸리지 않도록 가지를 들어 올려서 벼슬을 하사받았다는 나무 말이야."

"응!"

녀석의 힘찬 대답에 이어 내가 물었습니다.

"그래, 그러면 저 휘어진 소나무와 근정전의 기둥으로 쓰인 소나무와 정이품송 중에서 어떤 소나무가 가장 불쌍하고, 또 어떤 소나무가 가장 행복하다고 생각하니?

생각을 돕기 위해 조금 더 설명하면, 근정전의 기둥이 된 소나무는 곧고 웅장하게 잘 자라서 궁궐의 재목으로 선발되었지만 결국에는 사람들의 도끼에 맞아 죽어야 했고, 정이품송은 사진에서 보았듯이 아주 오래 살고 있지만 사람들이 받침대도 세워주고 수시로 약도 먹인단다. 아픈 몸을 이끌고 지금까지 겨우겨우 살고 있는 셈이지. 그냥 자연스럽게 살았다면 아마 오래전에 죽었을지도 몰라.

마지막으로 저 소나무는 다른 나무들 틈에서 살아남기 위해 가지를 이리저리 비틀기는 했지만 사람들로부터는 자유로운 것 같구나."

난감해하던 딸은 잠시 생각한 뒤 생각을 들려주었습니다.

그대는 어떻게 생각하십니까? 어떤 나무가 가장 행복하고 어떤 나무가 가장 불쌍하다고 생각하십니까?

이 질문에 어찌 정답이 있겠습니까! 다만 그의 외모가 아무리 왜소하거나 못났다 해도, 그가 살고 있는 터전이 아무리 볼품없다 해도, 그 생명이 꼭 가엽거나 불쌍한 것은 아니라는 점을 깨닫도록 돕고 싶었을 뿐입니다.

이 숲의 정상부에는 바위 능선이 있습니다. 그곳에는 주로 소나무들이 자리를 잡고 있습니다. 왜소한 그들은 가지를 힘차게 뻗지 못한 채 구불구불한 형상으로 살아가고 있습니다. 바위틈의 얼마 되지 않는 흙에 떨어진 씨앗이 그 척박한 터전을 숙명으로 부여받고, 부족한 양분과 강한 바람을 견뎌내느라 그토록 고단해 보이는 수형을 유지하고 있는 것입니다. 하지만 그들의 모습에서 나는 가여움보다는 숭고함을 읽습니다. 이 숲과 연결된 저 아랫마을의 밭둑 근처에서 마음껏 생장의 욕망을 펼치는 소나무들을 그들은 결코 부러워하지 않습니다. 그들이 바위틈의 그 결핍을 마다하고 거부했다면 지금의 삶도 없었을 것입니다. 또한 들고 날 때마다 자신의 가지에 내려앉았다가 바위틈 어딘가의 둥지로 돌아가는 부엉이의 삶도 돕지 못했을 것입니다.

이 숲에서 만난 어린 신갈나무도 멋집니다. 그는 거목의 그늘을 온몸으로 떠안고 그 거목의 밑동 바로 옆, 굵은 뿌리 근처에 싹을 틔웠습니다. 장차 그의 삶은 힘겨울 것입니다. 자라는 내내 자신을 가린 그 거목의 그늘을 감당해야 할 것입니다. 또한 거목의 뿌리와 양분을 다투며 삶을 이어야 할 것입니다. 그러나 그는 씩씩합니다.

오늘도 그는 주저 없이 태양을 향해 자신의 잎을 키우고 있습니다. 그는 온전히 자신의 삶을 수용하고 삶이라는 길 위에 섰습니다. 언젠가 주렁주렁 달게 될 도토리 열매로 다람쥐를 키우고 어치를 키워내며 숲의 풍요에 기여할 것입니다.

우리 대부분은 각자의 삶을 살아내느라 황망하여 우리의 삶을 공짜로 부양해주는 자연을 자세히 들여다보지 못합니다. 산을 오르다 발길에 툭툭 차이는 풀 한 포기가 왜 그곳에 있는지, 그가 무엇을 열망하며 자신의 삶을 키우고 있는지, 그가 어떤 고난을 만나 어떻게 이겨내고 있는지도 살피지 못합니다. 그러다 보니 그들은 결국 우리 밖에 존재하는 세계일 뿐이고, 별 의미를 갖지 못하는 생명일 뿐입니다.

그러나 숲을 더 깊이 들여다보면 우리 눈에 아무리 볼품없어 보이는 생명이라 할지라도 이유 없는 생명이 없음을 알게 됩니다. 2막의 '경계' 부분에서 더 자세히 이야기하겠지만, 우리를 찌르는 숲의 가시덤불도 다 이유가 있어 그곳에서 자라는 것입니다. 사람들이 징그러워하는 지렁이도 명확한 존재 이유를 지닌 채 살아가고 있습니다. 또한 물을 따라 자라는 달뿌리풀, 갈대, 억새, 부들, 고마리, 혹은 물봉선화 같은 풀들이 없다면 우리가 먹고 쓰는 물은 훨씬 더러울 것입니다. 우리 눈에 누추해 보이는 곳이나 그저 길섶에서 자라는 어느 풀 한 포기, 어느 나무 한 그루라도 이유 없이 자라는 생명은 없는 것입니다. 또한 자신의 뿌리를 뻗고, 키를 키우고, 꽃을 피워대느라 고단하지 않은 초목이 없는 것입니다.

벽을 타고 오르는 담쟁이덩굴

벽 앞에 주어진 담쟁이의 삶도,
우거진 숲 아래 발아한 신갈나무도
태어나는 자리를 선택할 수 없다.
오로지 받아들이고 시작하는 것,
담장을 오르고 그늘을 넘으며
그의 하늘을 갖는 것만이 그들의 몫이다.

1막 태어나다

그러나 분명한 것은 그들 모두가 주어진 자리를 받아들이는 것으로부터 삶을 시작한다는 점입니다. 산꼭대기 바위틈이 주어지면 그곳에서, 거목의 그늘과 뿌리를 견뎌야 하는 곳이라면 역시 그곳에서, 물웅덩이 옆의 거친 경사지가 주어지면 또한 그곳에서, 강가 자갈밭 위의 한 줌 흙이 주어지면 마찬가지로 그곳에서 제 삶을 시작하고 완성해가는 것입니다.

모든 생명의 태어남은 바로 자신에게 주어진 자리를 알고 수용하는 것에서부터 시작됩니다. 생명 모두가 쉽고 편안하고 품위 있고 풍요로운 삶이 보장되는 자리를 차지할 수는 없습니다. 또한 그러한 자리와 삶만이 가치 있고 중요한 것도 아닙니다. 우리는 자본과 산업, 교육을 통해 수없이 그렇게 세뇌되어왔지만, 쉽고 편안하고 품위 있는 자리만이 훌륭한 자리가 아닙니다. 더 중요한 것은 저마다의 자리에서 저다운 모습으로 삶을 영위하는 것입니다.

요컨대 하늘은 모든 생명에게 제 소용을 주어 이 땅에 보냅니다. 따라서 나 또한 우주적 소용이 깃든 존재인 것입니다. 생명 모두의 소용을 정하는 것은 오직 신의 영역입니다. 그것이 장대한 것이든 미약한 것이든 나에 의해서 수용되어야 합니다. 모든 생명의 역할은 다만, 그 우주적 소용을 믿고 주어진 삶을 살아가는 것뿐입니다.

자연의 모든 생명들이 하늘이 부여한 자리에서 제 삶의 뜻에 머리를 조아리고 평생을 제 힘껏 살아내듯이 우리의 삶 또한 그러해야 합니다. 아직 나의 소용을 모른다 해도 상관없습니다. 삶은 그리 짧지 않습니다. 떡잎이 어린줄기를 만들고 가지를 만들어 새로운 삶이 시작되듯이 우리의 삶도 그렇게 시작될 뿐입니다. 그 어린나무가 다시 줄기에서 가지를 내고 잎을 내며 거목으로 성장하듯이, 또한 하늘에 닿으려는 과정에서 무수한 고난과 시련을 만나 마침내 제 모양을 이루듯이 우리의 삶도 부단한 시작의 나날이 모여 자기를 완성하는 과정입니다. 중요한 것은 시작하는 것입니다. 지금은 그곳이 사막처럼 느껴질지라도 그곳에서 시작해야 합니다. 모든 숲은 그렇게 이루어져왔습니다. 삶을 수용하지 않고 열 수 있는 하늘은 없고, 시작하지 않고 넘을 수 있는 벽은 없습니다. 거목 아래에서 자라는 신갈나무가 하늘을 여는 방법이 그러하고, 커다란 벽 앞에 선 담쟁이덩굴이 벽을 넘는 방법 또한 그러합니다.

숲의
탄생

지금 내 모습이 나의 전부가 아니다

사람이 묻는다
왜 나는 그곳이 아닌 이곳에서 싹을 틔웠냐고

뱀처럼 흐르는 강가
거침없는 들판을 얻지 못하고
왜 거목 아래
비좁은 땅 위에서 시작하느냐고

나는 답한다
태곳적 내 삶이 그곳에 있었기 때문이라고
그 시절 내 삶이 너무 쉬웠기 때문이라고

다시 사람이 묻는다
두렵지 않느냐고
힘겹지 않느냐고

거목의 가지 사이로 떨어지는 빛을 가리키며 내가 웃는다
모든 생명에게 주어진 자리는 미래가 아니니까
그것은 과거일 뿐
지금 내 모습이 나의 전부가 아니니까

성장한다는 것은 무엇인가?

그것은 나의 영토를 만들어간다는 것이다. 나무로 치면 그것은 잎을 내고 가지를 뻗고 줄기를 키우며 하늘로 향하는 것이다. 나무가 지구의 중력을 거스르며 줄기를 뽑아 올리듯이, 성장한다는 것은 자신의 키를 키우는 것이다. 동시에 그것은 자신을 지탱할 수 있는 잔지를 구축해가는 것이다. 나무가 중력의 힘을 구하며 뿌리를 뻗어가고 직경을 넓혀가듯, 그렇게 자신의 기반을 다지는 것이다. 따라서 그것은 어제와 다른 하루를 열고 닫고 다시 여는 과정이다. 매일매일 그것을 반복하는 것이다. 그것으로 마침내 스스로 성장에 이르는 것이다.

성장한다는 것은 아픈 것이다. 성장은 수많은 실수와 상처를 수반하는 모색의 시간을 지나고 나서야 찾아든다. 그것은 차라리 뜻대로 되지 않는 하루를 수도 없이 만나는 나무들의 투쟁을 닮았다. 온 힘을 다해 뽑아 올린 가지는 때로는 바람에 눕고, 때로는 무거운 눈 아래에 꺾어진다. 뚝뚝, 눈물을 삼키고 또 삼키고 나서야 겨우 두어 뼘 자신을 키워낼 수 있는 때도 있다. 어느 갈림길 위에서 나무는 그의 하늘을 가리는 더 큰 나무와 다투고 그 경쟁을 승리로 이끌어야만 한다. 하지만 패배에 이르기도 한다. 그렇지만 어느 갈림길에서 그는 다시 원군을 얻고 그들의 도움으로 견실해질 수도 있다.

결국 자란다는 것은 자기만의 세상을 열기 위한 과정이요, 여행이다. 그것은 나무들의 나이테와 같은 것이다. 나이테에 새겨진 열정과 위축과 모색과 성취의 흔적인 셈이다. 이 여행의 과정을 통해 모두는 저마다의 꼴에 이르게 된다. 자란다는 것은 그런 것이다.

2막

성장하다

내 모양을 만드는 삶

꿈

나무에게는 빛,
사람에게는 꿈

인생의 여정 위에서 어느 순간 길을 잃었을 때
우리는 어둠 속에 갇힌 듯한 느낌을 갖게 된다.
세상 어디에도 내가 없는 듯한 느낌이 드는 건 빛을 찾지 못해서다.
나무와 들풀에게 빛은 시작이고, 사람에게 빛은 꿈이요, 희망이다.
희망을 잃으면 삶은 시들고 어두워진다.

이 숲 맞은편으로 하루의 해가 떠오릅니다. 부챗
살처럼 퍼지던 햇살은 순식간에 이 숲을 빛으로 채워놓습니다. 아
직 그 이름을 다 알지 못하는 새들이 더 맑게 지저귀기 시작합니다.
길섶 들풀들 위로 이슬방울들은 햇살을 머금으며 구슬 같은 빛을
발합니다. 이슬방울들은 하늘로 여행을 떠나려는 참입니다. 그들은
구름이 되어 어딘가로 긴 여행을 시작하겠지요. 이 순간, 이 오두막
을 감싸고 있던 어둠 속의 고요와 평화, 혹은 외로움과 두려움이 일
거에 사라집니다.

더러 홀로 있는 어두운 밤이 외로운 나는 이 순간마다 '아, 이 오
두막에 아침을 열어주는 저 햇살은 얼마나 찬란한 구원인가!'라고

경탄하고 또 안도하게 됩니다. 나를 비롯한 숲속 생명체들의 삶에 태양은 얼마나 위대한 존재인지 모릅니다. 아, 이래서 우리가 하늘을 우러르며 살 때에는 태양을 신으로 섬겼겠구나 하는 생각을 하게 됩니다.

태양을 신으로 섬긴 고대의 선인들은 참으로 놀라운 통찰을 가졌습니다. 지구에 사는 모든 생명체들은 궁극적으로 태양에 종속되어 있음을 그들이 어떻게 알았을까요? 그들은 태양을 경배하며 살았습니다. 마찬가지로 다른 모든 생명들도 태양을 경배하며 삽니다. 특히 녹색식물은 늘 하늘을 우러르고 태양을 찬양합니다. 그들은 햇빛 없이는 삶을 지속할 수 없다는 사실을 잘 알고 있습니다. 물과 이산화탄소를 섞어 당분을 만들어내는 과정에 빛의 마법이 섞이지 않으면 광합성은 결코 완결될 수 없습니다. 오늘도 그들이 중력을 거스르며 하늘을 향해 키를 키워내는 이유는 대부분 거기에 있습니다.

식물들은 지구로 들어오는 태양 광선의 지극히 일부만을 사용합니다. 하지만 식물에게 빛은 광합성의 조력자 수준을 넘어서는 존재입니다. 학자들에 따르면, 지구로 유입되는 태양에너지의 4분의 1은 증발이나 강우를 통해 생명의 원천 중 하나인 물을 재순환시키는 데 사용된다고 합니다. 이에 비해, 식물들의 광합성에 사용되는 태양에너지는 0.2퍼센트밖에 되지 않는다고 합니다. 그들은 이 적은 양의 태양에너지를 버무려 삶을 열어갑니다. 햇빛이 없다면 씨앗은 발아할 수조차 없습니다. 또한 나무들이 잎을 떨어뜨리며 겨울 채비에 나서는 것도, 다시 눈을 깨워 잎을 틔우고 꽃을 피우는 것도 실은 대부분이 태양의 조화입니다. 이를테면 밤낮의 상대적 길이가 변하는 것을 일장日長, day light 또는 광주기光周期, photoperiod 라고 부르는데, 나무와 들풀들은 이 '빛 길이'의 주기를 알아차리고 휴면, 생장, 개화의 때를 조절하는 것입니다. 그러므로 햇빛을 잃으면 나무는 살아갈 힘을 잃게 됩니다. 점점 시들어 마침내 죽음을 맞이하게 됩니다. 그뿐만 아니라 더 이상 자신의 어깨에 다른 생명을 지고 갈 수도 없습니다. 그에게 기대는 애벌레도, 곤충도, 새도, 그리고 다른 초식동물과 육식동물도 더 이상 부양할 수 없게 됩니다. 결국 식물이 빛을 얻지 못하면 인류도 그와 함께 연쇄적으로 사라질 것입니다. 과학자들의 추정처럼 50억 년쯤 뒤에 태양이 수명을 다하여 사라지면 마침내 모든 생명도 사라질 것입니다. 따라서 빛만큼이나 막강한 '생명의 조절자'는 없습니다. 나는 종종 '빛이야말로 우주가 세운 가장 위대한 계획이구나' 하는 생각을 합니다. 숲의 소리를 듣다 보면, 요즘 우리가 지나치게 의지하고 있는 과학의 현란함도 실은 태양의 관용 아래에서만 가능한 것임을 새삼 느끼게 됩니다.

식물에게 빛이 절대자이듯, 인간에게도 빛은 또 다른 의미에서 절대자입니다. 식물이 태양을 향함으로써 살아갈 수 있는, 근본적인 힘을 얻듯이 빛은 인간이 인간으로 살아갈 수 있게 하는 가장 강력한 힘이 됩니다. 인간이 자기를 실현하기 위해 견지하는 빛, 그빛을 우리는 꿈이라 부릅니다. 꿈을 갖는다는 것은, 그것이 아무리 작은 꿈일지라도 강력합니다. 식물은 지구로 유입되는 태양에너지의 0.2퍼센트만으로 잎을 틔우고 꽃을 피우고 열매를 맺습니다. 마찬가지로 꿈은, 우리 마음의 0.2퍼센트에 불과한 작은 자리를 차지할지라도, 우리의 심장을 뛰게 하고 우리를 고난에 맞서게 하는 근원적인 힘이 됩니다. 꿈이 없는 삶은 사실 살아 있으되 살아 있지 못한 것과 다를 바 없습니다. 꿈을 상실한 사람은 어둠에 갇힌 사람이고 목적 없이 하루하루를 보내는 사람이며 길을 잃고 헤매는 사람입니다. 우리가 꿈을 찾아 결코 놓지 말아야 하는 이유가 여기에 있습니다.

숲을 살아 있게 하는 빛은 공평하기도 합니다. 즉 태양은 탄생 이후 지금까지 지구를 향해 아주 고르게 빛을 비춰주고 있습니다. 물론 지구의 위도와 해발고, 자전축과 공전축에 따라 그 복사량이 다르다고는 하지만, 그것은 저마다의 공간적 환경에 맞는 생명을 자라나게 하여 그 지역의 식생대를 결정할 뿐, 동일 위도에 살고 있는 생명에게 태양은 제 빛을 고르게 나눠줍니다. 이 공평한 빛을 어떻게 활용할 것인가는 그곳에 살고 있는 생명 각자의 몫입니다. 이러한 점을 간파한 식물들은 자기의 특성과 환경을 고려하며 변화를 꾀해왔습니다. 빛을 차지하는 데 불리할 수밖에 없는 키 작은 식물들이 아주 좋은 예입니다. 키가 작은 식물들은 진화를 통해서 새싹을 틔우고 꽃을 피우는 시기를 키가 큰 식물들보다 앞당기는 식으로 생활 주기를 조절함으로써 빛을 놓치지 않았습니다. 이른 봄에 꽃을 피우는 복수초, 바람꽃, 앉은부채, 얼레지, 그리고 예로부터

빛은 공평하다.
이 공평한 빛을 어떻게 활용할 것인가는
그곳에 살고 있는 생명 각자의 몫이다.

사군자의 하나로 사랑받아온 난초과의 보춘화 등이 그런 예입니다.

　또 빛을 더 많이 맞이할 수 있는 방향으로 잎 모양과 배치를 바꾸어온 나무들도 있습니다. 천이가 제법 진행된 숲에서 주로 자라는 생강나무는 신갈나무나 떡갈나무, 고로쇠나무 같은 더 크고 넓은 잎을 가진 나무들 아래에서 자라는 경우가 많습니다. 따라서 생강나무는 그늘이 많은 공간에서 자랄 수밖에 없습니다. 그래서 생강나무는 한 줌의 빛이라도 더 챙기기 위해 상대적으로 넓은 잎을 만

존재의 발견
숲에게 길을 묻다

들어 거의 수평에 가깝게 펼침으로써 빛을 탐합니다. 또한 빨리 자라고 싶은 오동나무류는 아주 크고 넓은 잎을 만들어 빛을 탐합니다. 또 국수나무나 느티나무류도 독특한 방법을 터득했습니다. 녀석들은 지그재그로 가지를 뻗으며 자랍니다. 아마도 잎과 잎이 겹쳐지는 것을 피함으로써 나무 전체에 빛을 고르게 받으려는, 특별한 모색이겠지요.

수십 년을 자라 어른이 된 나무들의 가지 모양을 유심히 살펴보십시오. 아주 많은 나무들이 수형을 공 모양으로 둥글게 만듦으로써 모든 가지들이 골고루 태양의 궤적을 추적할 수 있게 합니다. 이렇게 하면 나무 전체가 고르게 빛을 받을 수 있을 테니까요. 하지만 이보다 더 강렬하게 빛을 쫓는 식물도 있습니다. 바로 해바라기입니다. 해바라기는 태양의 궤적을 따라 동에서 서로 꽃을 움직입니다. 더 놀라운 것은 빛을 차단한 암실에서도 해바라기는 빛이 있는 곳에서 그랬던 것처럼 동에서 서로 꽃을 움직인다는 사실입니다. 빛을 쫓는 습성이 몸에 스며 있어서겠지요.

식물은 이렇게 매일 빛으로 향하고 있습니다. 공평하게 비추는 햇살을 생명 저마다의 처지와 환경에 맞게 맞이하며 살아가고 있습니다. 매일 그렇게 자기를 자라게 하는 일을 게을리 하지 않고 있습니다. 사람도 그래야 합니다. 사람도 꿈을 좇아 살아야 행복의 문에 들어설 수 있습니다. 빛을 잃은 모든 생명이 그 순간부터 시들듯이 꿈을 잃은 사람도 그 순간부터 시듭니다. 빛을 찾을 수 없는 나뭇잎이 누런빛으로 바래가고 마침내 시들어 낙엽으로 떨어지듯이 빛이 흐르지 않는 삶은 희망이 없는 삶입니다. 그곳이 어디든, 지금 어떤 호사를 누리고 있든 자신의 영혼을 일으켜 세워 춤추게 하고 걷게 할 꿈이 없다면 그것은 향기가 없는 화려함일 뿐입니다.

　서른 중반을 넘겼을 때, 나도 그렇게 내 삶의 빛을 잃었던 적이 있습니다. 하루의 삶은 늘 바빴고 이러저러한 사회적 관계는 현란했으며 외양은 고왔으나, 내 영혼은 참 초라하구나 느꼈던 적이 있습니다. 내가 아닌 내가 하루하루를 숨 가쁘게 살아내고 있을 뿐이었습니다. 더 많은 돈을 벌어야 한다는 과제가 그 시절 삶의 전부였던 것 같습니다. 내리쬐는 햇살은 가득한데 내 영혼에는 한 가닥의 햇살도 닿지 못했습니다. 내 내면의 깊은 곳에 닿아 있는 나다운 꿈은 사라지고 사회를 지배하는 자본적 가치에 대한 열망만이 나를 깊숙이 좀먹었기 때문입니다. 몇 년 뒤, 운 좋게도 나는 그 어둠으로부터 빠져나올 수 있었습니다. 새로운 꿈을 모색하면서 가능한 일이었습니다. 새로운 꿈의 영역에 대해 나는 다른 사람들과 좀 다르게 생각했습니다. 내가 정말 좋아하고 잘할 수 있는 것, 빠른 것보다는 느린 것, 쉽게 변하는 것보다는 잘 변하지 않는 것, 크고 화려한 것보다는 작고 소박한 것, 나 하나만을 살찌우는 것보다는 모두를 살찌게 하는 것이 무엇일까 사색하고 연구하기 시작하고부터 몇 년 지나지 않아 나는 새로운 꿈을 찾을 수 있었습니다. 그리고 오늘 아침도 이렇게 이 숲에서 저 태양을 맞이할 수 있게 되었습니다.

　겪어보니 꿈을 품고 산다는 것은 참 좋은 일입니다. 그래서 모두들 자기를 닮은 꿈 하나를 깊이 간직하고 살아가기를 권합니다. 이

왕이면 우리의 꿈이 빛을 탐하는 식물을 닮았으면 좋겠습니다. 식물들에게는 과한 꿈이 없습니다. 나무와 들풀은 오로지 자신을 꽃 피우려는 꿈, 그래서 어떻게든 열매를 맺는 것으로 자신이 이 세상에 존재하게 된 이유를 증명하려 합니다. 나무는 숲을 모두 지배하려는 욕심을 품지 않습니다. 들풀은 제 자리가 아닌 곳을 탐하지 않습니다. 우리가 갖는 꿈도 그렇게 나무를 닮아서, 들풀을 닮아서 과하지 않았으면 좋겠습니다. 오로지 자기다움에서 시작하면 좋겠습니다. 생명체에게 꿈이란 하늘 한 자락을 마음껏 바라볼 수 있는 자신만의 공간을 갖는 것임을 우리 모두 알았으면 좋겠습니다.

이왕이면 간직하는 꿈이 자립적이고 호혜적인 것이면 더 좋겠습니다. 나무와 들풀의 꿈은 언제나 자립적입니다. 우리가 그들을 독립영양생물이라 부르는 이유가 거기에 있습니다. 녹색식물은 지구를 순환하는 물 조금과 대기의 약 0.03퍼센트를 차지하는 이산화탄소 조금을 받아들인 후 빛의 마법을 빌려 스스로 영양물질을 만듦으로써 스스로를 실현해온 생명체입니다. 이 과정에서 그들이 토해내는 산소로, 또 그들이 생산한 각종 영양분으로 다른 생명들이 숨을 쉬고 밥을 먹습니다. 결국 그들이 자립적으로 살아가며 피우는 꽃과 잎과 열매와 육신에 우리를 포함한 수많은 종속영양생물이 하루하루 의지하며 살아가고 있습니다. 나는 하루하루 태양을 경배하며 살아가는 그들을 지켜보면서 우리의 꿈도 그럴 수 있으면 얼마나 좋을까 하는 생각을 합니다. 저들처럼 나답게 독립적으로 살면서도 그 삶이 세상을 더 맑고 아름답게 할 수만 있다면, 사람마다 이루어내는 세상은 얼마나 맑을까, 눈부실까, 그리고 배부를까……
생각하곤 합니다.

아침마다 내가 경배하는 태양이 어느새 맞은편 산을 지나 내게
다가오고 있습니다. 햇살은 벌써 이 숲과 저 들판을 가득 비추기
시작합니다. 아름다운 햇살을 온몸에 받으며, 오늘도 나는 나무를
닮아가는 꿈 하나를 어루만져봅니다. 숲의 생명들이 건강한 제 꿈
을 따라 사는 것으로 저마다의 삶은 풍요로워지고 푸른 별 지구는
순환과 균형을 이루어가듯이 사람도 그럴 수 있는 날을 그리워합
니다.

존재의 발견
숲에게 길을 묻다

두려워 말자!
버리지 않고 피어나는 꽃 없으니

두려워하지 마라. 나를 만나기 위해서는 잃기도 하고 버리기도 해야 한다.
모든 생명의 삶은 모색과 자기 조정과 상실을 누적하며 성장하고 완성된다.
떡잎을 버리지 않고 결실의 계절을 만날 수 있는 들풀이 있었던가?
묵은 가지를 떨어뜨리지 않고 제 하늘을 열 수 있는 나무가 있었던가?

풀과 나무를 구분하는 방법을 아시는지요? 몇 가
지 기준이 있지만, 전문적인 방법 중 하나를 들면 바로 눈bud입니
다. 일반적으로 풀은 눈을 만들지 않습니다. 하지만 나무는 눈을 만
들어 해마다 제 삶을 키워갑니다. 봄이 왔을 때 나무가 새로운 잎을
내고 어린 가지를 키우고 꽃을 피우는 곳은 모두 겨울눈冬芽, winter
bud입니다. 소나무나 잣나무 같은 나무들은 봄이 오면 전년도에 이
미 만들어놓은 겨울눈에서 싹을 틔워 1년에 한 번만 생장합니다.
반면 느티나무 같은 나무들은 봄에도 새 가지와 잎을 내고, 여름에
도 새로운 눈을 만들어 그곳을 통해 다시 가지와 잎을 냅니다. 나무
마다 제 특성에 맞게 매년 이 과정을 반복합니다. 이를 통해 나무는

두릅의 겨울눈

곰솔(해송)의 겨울눈

나무는 매년 눈을 만들어
자기의 모양새를 만들어간다.

자라고, 자기의 모양새를 만들어갑니다. 결국 나무들은 매년 자기가 자라고 싶은 만큼 눈을 만들어 자신의 나무 모양을 만드는 셈입니다.

이러한 점을 알게 되면서 한 가지 의문을 갖게 되었습니다. 1,000년 이상 살고 있는 나무들은 매년 눈을 키우고 새싹을 틔워 잎과 가지를 내며 자라왔을 것입니다. 따라서 그 세월만큼 수많은 가지를 뻗으며 삶을 지속해왔을 텐데, 그들이 만들었을 그 많은 가지들은 다 어디로 갔을까요? 모두 몸에 달고 있는 것일까요? 그렇다면 오래된 나무는 수많은 나뭇가지를 단 채 무척 큰 몸집을 지탱하고 있어야겠지요. 그러나 오래된 나무를 보면 오히려 웅장하면서도 간결한 몸집을 유지하고 있는 편입니다. 오래된 나무들의 아름다운 모습에는 어떤 사연이 녹아 있는 것일까요? 지금 거목이 된 나무들은 어떻게 성장했고, 어떻게 자신의 모양을 만들어왔을까요?

우리나라에서 가장 오래된 나무는 정선 두위봉에 서 있는 '주목朱

존재의 발견
숲에게 길을 묻다

木'으로 알려져 있습니다. 주목은 한자로 붉은木 나무木라는 뜻입니다. 어린나무가 아닌, 늙은 나무의 줄기를 살펴보면, 이 나무에 '붉은 나무'라는 이름이 붙은 까닭을 알 수 있습니다. 줄기의 색깔이 독특하고 품격 있는 붉은빛을 띠고 있기 때문입니다. 나무를 횡으로 자르면 나이테를 볼 수 있는데, 그 또한 붉은빛을 띱니다. 그래서 붉은 나무, 즉 '주목'이라 했겠지요. 이 나무는 '살아 천년, 죽어 천년'이라는 별명을 얻었을 정도로 아주 느릿느릿 자라고 오래오래 살며, 죽어서도 오랫동안 장승의 위용을 품은 채 꼿꼿이 서 있는 편입니다. 천연기념물 제433호인 정선 두위봉의 주목은 1,400여 년을 살았다고 합니다. 고구려가 수나라를 막아내던 시절부터 지금까지 길고 긴 시간을 살아내고 있는 셈입니다. 100년도 살지 못하는 우리는 이 주목 앞에서, 그리고 모든 나무 앞에서 겸손해지지 않을 수 없습니다.

경기도 양평의 용문사에는 천연기념물 제30호로 지정된 은행나무가 살고 있습니다. 용문사 창건 연도인 913년을 기준으로 나이를 추정해보면 이 나무는 무려 1,100년의 세월을 견디고 있는 셈입니다. 이 나무에는 그 세월만큼이나 신비한 전설이 깃들어 있습니다. 마의태자가 망국의 한을 안고 금강산으로 들어가면서 이 나무를 심었다는 설도 있고, 의상대사의 지팡이가 뿌리를 내린 것이 이 나무라는 설도 있습니다. 용문사가 여러 차례 재난을 당할 때에도 이 나무만은 모든 전란과 핍박을 이겨내고 긴 세월을 버텼습니다. 그리하여 오늘날에는 대략 60미터가 넘는 웅장한 위용을 자랑하게 되었

살아서 천년, 죽어서 천년을 산다는 주목도,

용의 승천을 연상하게 하는 장엄한 왕소나무도

모두 수많은 버림과 상실을 쌓으며 자기의 하늘을 열었을 것이다.

습니다.

　내가 사는 숲에서 그리 멀지 않은 곳에 속리산이 있습니다. 속리산 법주사로 가는 길에는 세조로부터 정이품의 품계를 하사받은 정이품송이 살고 있습니다. 1464년 세조가 속리산 법주사로 행차할 때 이 소나무에 어가御駕가 걸릴뻔했다고 합니다. 이때 신하가 "연輦 걸린다"고 외치자 나무가 스스로 가지를 들어 올려 어가를 무사히 지나게 했고, 덕분에 나무는 정이품의 벼슬을 받았습니다. 바람 또는 적설積雪로 일부 큰 가지를 잃은 정이품송은 다소 비대칭적인 모습으로 외과수술과 지지대에 의지한 채 연명하고 있지만, 그 역사적인 사연과 단정한 기품은 천연기념물(제103호)로 지정되기에 부족함이 없습니다.

　가까운 곳에 있는 괴산군 청천면 삼송리에는 천연기념물 제290호인 '왕소나무'가 600년의 장구한 세월을 버티고 있습니다. 용이 승천하는 모양이라 하여 용송龍松이라고도 불리는 이 나무는 실로 그 자태가 깊고 웅장하고 신비하여 그 아래에 서면 저절로 외경심이 듭니다.*

　천연기념물로 지정된 나무만이 이토록 웅장하고 아름답고 간결하겠습니까? 눈을 들어 이 강산을 구석구석 둘러보면, 바람과 눈과 비와 세월을 견디며 스스로를 이룬 나무는 모두 그렇게 기품 있고,

---

* 괴산 삼송리의 왕소나무는 2012년 볼라벤, 그 거대한 태풍에 쓰러져 긴 삶을 마감하는 운명을 맞았다. 하지만 저자의 가슴엔 영원히 살고 있는 나무여서 그 기록을 그대로 살려둔다.

존재의 발견
숲에게 길을 묻다

장하다는 것을 알 수 있습니다.

그런데 이처럼 각처에서 긴긴 세월을 살아오며 제 기품을 이룬 나무들이 매년 뽑아 올린 어린 가지들은 어떻게 되었을까요? 해마다 키운 가지를 모두 달고 있다면 나무의 몸은 수많은 가지에 의해 매우 크고 풍만해야 할 텐데, 그렇지가 않습니다. 왜 그럴까요?

나무들을 가까이에서 대하면서 나는 그것이 폐기와 상실 때문임을 알게 되었습니다. 나무의 경우 폐기는 스스로 잎이나 가지를 버리는 것이고, 상실은 희망하지 않는 사건으로 타의에 의해 잎이나 가지를 잃는 것을 의미합니다. 상실은 바람, 눈, 벼락 따위의 아픈 운명에 의해 생길 수 있는 결과이고, 폐기는 삶을 성장시키거나 유지하기 위한 자발적인 구조조정의 결과인 셈입니다. 나무는 끊임없는 구조조정을 통해 성장합니다. 봄철에 씨앗에서 새싹이 나오는 장면을 살펴보십시오. 나무는 씨앗의 영양분을 활용해 제일 먼저 떡잎을 냅니다. 이 떡잎이 최초의 광합성을 담당하며 키를 키우고 다시 본잎을 만듭니다. 이제 떡잎은 사라지고, 본잎들이 더 힘차게 광합성을 합니다. 나무는 새로운 잎의 노동에 의지하여 점점 뿌리와 줄기를 키우고 넓히며 새로운 가지와 잎들을 만들어서 성장을 지속합니다. 그렇게 새롭게 시도하고 다시 버리는 생활을 계속함으로써 5년, 10년, 100년, 때로는 1,000년 너머에 이르기까지 제 삶을 살아갑니다. 역할이 끝난 떡잎을 버리듯 나무는 병에 걸려 회생이 불가능해진 가지도 가차 없이 버립니다. 또한 광합성량보다 호흡량이 많아 나무 전체의 효율을 떨어뜨리는 가지도 버립니다. 나무는 한때 자신을 키웠으나 이제는 짐이 되는 가지들은 더 이상 영양을 공급하지 않음으로써 정리해버립니다. 그러면서도 나무는 유용보다 무용이 커진 부분을 실수나 실패라 부르지 않습니다. 그저 그렇게 무수한 잎과 가지와 줄기를 버림으로써 나무는 자신이 매 순간 조금씩 성장한다는 걸 알고 있습니다. 숲 바닥으로 버려지는 수많은 시도들이 미생물을 만나 썩음으로써 다시 자신과 주변 생명체의 삶을 비옥하게 하는 밑거름이 되리라는 걸 나무들은 알고 있습니다.

오늘이라도 숲을 거닐면서 숲 바닥을 살펴보십시오. 그들이 감행한 자발적 폐기의 증거들을 숱하게 만날 수 있을 것입니다. 또한 그들이 겪고 있는 가없는 상실의 아픔을 어렵지 않게 만날 수 있을 것입니다. 나무 자신과 또 다른 생명체에게 기회가 되고 있는 비옥한 토양은 모두 그들이 생산했던 것을 다시 버리거나 잃음으로써 빚어낸 순환의 연쇄임을 깨닫게 될 것입니다.

그렇습니다. 나무가 겪는 폐기와 상실은 모두 모색의 결과입니다. 때로 그것이 실수나 실패로 이어진다 해도 모색 없이는 기품 있는 수형을 이룰 수 없습니다. 오늘날 산천의 많은 노거수老巨樹들이 보여주는 기품 있는 모습은 수많은 모색의 결과입니다. 힘들게 키워낸 잎과 가지와 줄기를 폐기해버린 결과입니다. 다시 해석하면 그것은 수많은 모색과 버림과 상실의 결과와 다를 바가 없습니다. 그가 땅 위로 떨어뜨린 수많은 폐기와 상실이 자양분이 되어 그는 오늘의 모습을 이루었을 것입니다.

나무는 좀 더 저다운 모습을 만들고 자기의 영역을 얻고자 새로운 시도를 해보겠지만, 그중 아주 많은 모색들이 폐기되거나 상실의 흔적으로 남게 됩니다. 인간은 그러한 흔적을 실수나 실패라는 이름으로 부르기 십상입니다. 그러나 나무의 삶이 보여주듯이 그러한 모색의 결과로서 제 삶의 모양이 이루어진다는 사실을 기억해야 합니다. 이웃 마을에서 600년을 살고 있는 왕소나무와 장관의 벼슬을 하사받은 정이품송, 그리고 삼국시대를 기억하고 있을 용문사의 은행나무와 두위봉의 주목도 수많은 모색을 통해 오늘의 모습에 다다른 것임을 읽어야 합니다.

그들 아래에 서면 나는 그들이 시도했을 수많은 모색을 바라보게 됩니다. 그들이 감당해야 했을 수많은 실패와 손실을 읽게 됩니다. 지금은 더없이 장엄한 삶을 살고 있는 그들이 겪었을 실수와 좌절을 감히 가늠해보게 됩니다. 자발적인 선택이었든, 아니면 의도하지 않은 운명이었든, 장엄한 오늘을 이룬 나무들의 뒤안길에는 늘 버리거나 잃어야 했던 모색이 있었음을 알게 됩니다.

사람이라는 생명체의 삶도 크게 다르지 않습니다. 수많은 시도와 모색을 하고, 때로 실패와 손실을 감수한 뒤에야 그리워하던 모습을 그려낼 수 있습니다. 때로는 공들여 뻗었던 소중한 잎과 가지를 버리거나 잃어야 하는 것이 인생입니다. 나무와 마찬가지로 우리의 삶도 버림과 상실 없이는 이어질 수 없음을 받아들이게 됩니다.

생명 안에는 성장을 위해 키웠으나, 시간이 흐르면 더 성장하기 위해 버려야 하는 것들이 있습니다. 모든 나무가 낙엽을 만들고, 가지를 떨어뜨리는 이유가 거기 있습니다. 그러므로 나다운 삶을 살고자 하는 이는 모색을 두려워하지 말아야 합니다. 모색의 결과로 따라오게 될 수많은 실책과 용도 폐기를 무용하게 여겨서는 안 됩니다. 나무가 버린 가지와 낙엽이 땅을 뒹굴며 썩어감으로써 삶의 자양분이 되듯이, 덕분에 삶이 다시 튼튼해지고 성장하듯이, 우리의 삶도 실수와 실책을 통해 나를 만나고 성장하도록 짜여진 것임을 기억해야 합니다.

우리는 또한 자라며 버려야 하는 많은 것들이 어쩌면 저답지 않은 것일 수도 있음을 기억해야 합니다. 혹은 이 공간과 이 시대, 또는 내 이웃에게 받아들여지지 않는 운명의 한 부분임을 기억해야 합니다. 거목을 이룬 모든 나무가 그렇게 모색과 버림과 상실의 시간을 살아냈음을 알아야 합니다. 거목을 부러워하는 사람이라면, 그들이 걸었을 수많은 비틀거림의 길도 볼 줄 알아야 합니다.

숲의 나무가 그러하듯이 삶은 모색과 버림과 상실을 통해 이어지는 것임을 알게 됩니다. 그들이 쌓은 모색과 버림과 상실 중 아름다움이 깃들지 않은 것은 없습니다.

상처

담담하게 지니고 있는
상처야말로 그다운 향기다

풀잎에도 상처가 있다. 꽃잎에도 상처가 있다. ……
상처 많은 풀잎들이 손을 흔든다. 상처 많은 꽃잎들이 가장 향기롭다.

- 정호승의 시, 〈풀잎에도 상처가 있다〉에서

내가 사는 이 숲에 함께 기대어 살기로 약속한 부부가 있습니다. 그들은 사람들의 자기경영을 돕는 연구소를 운영하고 있습니다. 그들의 작업장은 '역량개발연구소'라는 이름을 걸고 있습니다. 그들과 함께 나는 1년에 서너 번 사람들을 모집해 공동으로 프로그램을 진행합니다. 내가 누구인지, 참된 자기를 발견하고, 또 저다운 성장을 모색하도록 돕는 프로그램입니다. 이 프로그램에는 '씨앗에서 숲으로'라는 이름이 붙었습니다. 참가자들이 스스로 저마다의 씨앗을 발견하고 자기다운 나무로 성장하여 마침내 꽃을 피우고 열매를 맺으며 아름다운 숲을 이루라는 은유를 반영한 이름입니다. 이 프로그램의 일부는 숲을 배경으로 진행됩니다. 잠시 프로그램의 한 장면을 들여다보겠습니다.

　저 나무는 왜 저기에 살고 있을까요?
　이 나무가 여기에 사는 것이 숲 전체에 어떤 의미를 갖고 있을까
요?
　이 나무는 왜 이런 모양으로 자라고 있을까요?

나는 참가자들에게 이런 질문들을 던지고 그들의 대답을 듣습니다. 우리는 숲에 살고 있는 나무와 들풀들 앞에 섭니다. 나는 그들이 사는 갖가지 모습을 보여줍니다. 그로부터 생명이 가진 욕망과 잠재력, 제약과 갈등, 성장과 관계 등 다양한 은유metaphor를 읽게 합니다. 참가자 대부분은 이 과정에서 자신이 살아온 삶과 만나게 됩니다. 그들은 자신이 태어난 자리와 환경, 자신의 성장을 방해하는 제약과 한계와 상처 등 나무와 들풀의 삶을 자신의 처지와 비교해보는 시간을 갖습니다.

그렇게 숲의 생명을 통해 자기의 지난 삶을 읽어낼 즈음, 나는 이런 요구를 합니다.

"이 숲에서 여러분 자신과 닮았다고 생각되는 나무를 찾아보세요. 그리고 그 앞에 서보세요!"

나무의 삶을 통해 자기를 보게 된 사람들은 이제 자신의 삶과 닮았다고 생각되는 나무를 찾고, 그 앞에 가서 섭니다. 전나무나 낙엽송처럼 하늘을 향해 곧게 뻗은 나무 아래 서는 사람도 있습니다. 하

지만 참가자 중 꽤 많은 사람들이 다른 나무 아래에서 성장에 제약을 받거나 깊은 상처를 끌어안고 살아가는 나무 아래 섭니다. 어떤 사람은 키 큰 나무 아래에 서 있는, 줄기가 휘어진 나무를 선택합니다. 또 어떤 사람은 가지를 제대로 펴지 못한 채 시들어가는 나무 옆에 섭니다. 또 어떤 사람은 꺾이고 부러진 가지를 품고 살아가는 나무 아래 섭니다. 사람들은 그렇게 수많은 제약과 상처 속에서 살아가고 있습니다.

이들과 똑같이 내게도 '나를 닮은 나무'가 있습니다. 음나무입니다. 세간에서는 이 나무를 엄나무, 즉 엄목嚴木이라고 부릅니다. 이 나무가 어떻게 생겼는지 아는 사람은 많지 않지만, '엄나무 백숙'을 들어본 사람은 많을 것입니다. 토종닭에 이 나무의 가지를 잘라 넣고 약재와 함께 푹 삶아 삼계탕처럼 먹는 음식입니다. 한방에서는 이 나무의 껍질을 해동피海桐皮라 부르고, 마비, 중풍, 잇몸염증 등의 치료제로 사용하고 있습니다. 본 적이 있는지 모르지만, 이 나무의 잔가지에는 억세고 예리한 가시가 잔뜩 달려 있습니다. 잘못 만지다가는 날카로운 가시에 손을 찔려 심하게 아플 수 있습니다. 옛 사람들은 가시가 달린 음나무의 줄기에서 도깨비방망이를 연상하고, 이 나무가 귀신을 쫓는다고 믿었습니다. 많은 가정에서는 대문 위에 음나무를 달아두어 귀신을 쫓고 액운을 막고자 했습니다. 그만큼 이 나무의 가시는 단단하고 날카롭습니다.

내가 이 음나무를 닮았다고 생각하는 이유가 바로 이 가시 때문입니다. 돌이켜보면, 20~30대의 나는 가시가 가득한 사람이었습

주엽나무 가시

두릅나무 가시

나무들이 달고 있는 가시는 스스로를
지켜내기 위한
가난한 선택이고 에너지다.
스스로를 지킬 힘이 생기면
그들도 가시를 떨군다.

니다. 나는 세상의 불합리와 불공평에 시비하며 걸핏하면 분노를
터뜨리고 싸움을 걸었습니다. 잘못 건드리면 상대는 나의 가시에
찔려 상처 입기 일쑤였습니다. 주변 사람들의 평처럼 지금은 많이
부드러워지고 편안한 사람이 된 것 같으나, 그 시절 나는 참으로 뾰
족한 인간이었습니다.

　가시를 달고 자라는 나무들도 그렇습니다. 그들은 제 몸 가득 가
시를 돋우며 자랍니다. 같은 과에 속하는 두릅나무도 그렇습니다.
어린 두릅나무는 예외 없이 나무 전체에 가시를 달고 자랍니다. 늦
봄, 매혹적인 향기를 발하면서 우윳빛 고운 꽃을 피워 우리의 마음
을 빼앗는 아까시나무(우리가 아카시아로 알고 있는 나무의 제대로 된 이

존재의 발견
숲에게 길을 묻다

름은 아까시나무다)도 비슷합니다. 그 아름다운 꽃의 부드러운 색이나 매혹적인 향기와는 어울리지 않게 아까시나무에는 날카로운 가시들이 아주 많이 박혀 있습니다. 생소하겠지만, 아주 큰 콩깍지를 닮은 열매를 맺는 주엽나무나 조각자나무도 무시무시한 가시를 달고 자랍니다. 그들의 가시는 동물들에게 깊은 상처를 낼 만큼 길고 억세고 위협적입니다. 그러나 이 나무들에게는 놀라운 모습이 숨어 있습니다. 그것은 어느 순간이 되면 이 가시들을 떨어뜨린다는 점입니다.

나무는 왜 가시를 만들까요? 가시는 그들에게 어떤 의미를 지닐까요?

나무들이 만드는 가시는 대개 자기를 보호하기 위한 수단입니다. 사막에 자라는 선인장은 가시를 통해 수분을 지킵니다. 알다시피 사막은 물이 부족합니다. 비도 적게 내리고, 비가 내리더라도 토양에 거의 저장되지 않습니다. 또한 사막의 낮은 뜨겁습니다. 함부로 잎의 구멍을 열었다가는 더운 공기에 자신이 모은 수분을 빼앗기기 쉽습니다. 그래서 선인장은 자신의 잎을 가시로 바꾸었습니다. 살아가는 데 필요한 수분을 빼앗기지 않고 지켜내기 위한 선택이었습니다. 가시는 또한 동물들이 자신의 몸을 뜯어 먹지 못하도록 지켜주는 수단이 되어주기도 하겠지요.

예로부터 사람들은 음나무를 좋아했습니다. 액운을 막아준다는 믿음 때문만은 아니었습니다. 새순을 따서 데쳐 먹으면 입안을 감도는 향도 독특하려니와 영양도 그만이었습니다. 가지를 잘라 토종닭과 함께 삶아 먹는 것도 좋아했습니다. 두릅나무도 좋아했습니다. 마찬가지로 봄철에 새순을 따서 반찬으로 삼았습니다. 새순을 좋아하는 노루나 고라니 같은 동물들도 이들의 잎을 즐겨 찾았을 것입니다. 음나무나 두릅나무 입장에서 보면 무척 괴로운 일입니다. 결국 동물들의 성가신 학대로부터 자신을 지키기 위해 무기가 필요했습니다. 그들은 자신의 몸 일부를 변형시켜 가시를 만들고 키우기 시작했을 것입니다. 오래 자란 나무보다 어린나무일수록 가시는 도드라집니다. 어린나무는 꺾이고 부러지기 쉽습니다. 아직 그들의 줄기는 여린 상태입니다. 이때 줄기를 잃으면 자칫 자신의 앞길 전체를 잃을 수도 있습니다. 따라서 한참 생장하는 어린 그들에게는 동물의 접근이 무척 두려웠을 테지요. 그들에게 가시는 자신을 지켜내기 위한 강력한 방어 수단인 것입니다.

나도 그랬던 것 같습니다. 아직 세상의 불합리에 맞설 힘은 갖추지 못했는데, 세상을 향해 외치고 싶은 말은 많았던 모양입니다. 부딪힐 때마다 돌아오는 것은 상처였습니다. 정의라고 믿은 것을 향해 뻗었던 가지들은 하나둘 부러져 나뒹굴었습니다. 세상이 더 아름다워져야 한다는 믿음에 내밀었던 새싹들도 대부분 잃고 말았습니다. 그렇게 좌절하면서 나 또한 뾰족한 가시들을 세우기 시작했습니다. 좌절이 깊어질수록 내 몸에 돋는 가시는 많아졌고, 또한 억세졌습니다. 어느 순간 나는 가시를 돋우고 사는 두릅나무의 모양이 되어 있었습니다. 물론 당시에는 내게 가시가 있다는 사실을 알지 못한 채 여기저기 부딪히며 살았습니다.

바람이 이 나무의 가지들을 꺾었을까?
일반적인 충충나무의 모습이 아니다.
그러나 그는 수많은 상처를 안은 채
숲 위에서 자신의 자리를 지키고 서 있다.
그의 모습이 아름다운 이유다.

숲을 만난 후에야 그 사실을 알게 되었습니다. 숲을 이불 삼아 살겠다며 산을 오르내리던 어느 날 두릅나무를 보았습니다. 문득 그 나무에 왜 가시가 돋아 있는지 생각하게 되었고, 그것이 그들의 방어 수단이라는 사실을 깨달았을 때, 나를 돌아보게 되었습니다. 그리고 나는 가시를 달고 있는 나무들로부터 한 발짝 더 나아갈 수 있는 깨달음 하나를 얻었습니다. 그들이 어느 순간 스스로 가시를 떨어뜨리는 모습을 보았던 것입니다. 정말 놀라웠습니다.

나는 가시를 떨어뜨린 나무들을 찬찬히 살펴본 후 그들이 가시를 버린 이유를 알았습니다. 즉 스스로를 지킬 힘이 생긴 나무들만이 가시를 버렸던 것입니다. 동물들에게 쉬이 꺾이지 않을 만큼 자신의 줄기를 살찌웠을 때 비로소 그들은 그동안 키워온 가시를 떨어뜨렸습니다. 자라면서 그들은 가시에 쏟아부었던 에너지와 양분을 차단했습니다. 그러면 가시는 자연스레 삭다가 어느 순간 툭 하고 떨어졌습니다. 그리고 가시가 있던 자리는 말끔하게 껍질로 덮였습니다.

아아, 사람도 저렇구나! 사람이 가시를 달고 있다는 것은 세상을 향해 응축된 에너지를 쏟아낸다는 의미로구나. 그 좌절과 절망의 마음을 토하는 것이로구나. 그것으로 자기의 분노를 응고시켜 세상과 맞서는 것이로구나!

그렇습니다. 가시가 있다는 건 에너지가 가득하다는 의미이기도 합니다. 그들은 몸에 가시를 돋우어야만 스스로를 지켜낼 수 있기 때문에 가시를 세웁니다. 그것은 뭔가를 열망하되 이룰 수 없는 사람들의, 생존을 위한 촉수요, 핍박받는 자신의 몸을 지키기 위한 무의식적인 선택으로 이해할 수 있습니다.

그러나 사람이건 나무건 가시가 가득하면 가까이 하기에 꺼려집니다. 그것은 인지상정입니다. 결국 가시를 가득 단 자는 더불어 살기 어려운 대상이 되고 맙니다. 따라서 그 분노를 자신을 넓히고 키워내는 에너지로 바꿔야 합니다. 가시를 다는 것이 분노와 좌절의 에너지라면, 가시를 떨어뜨릴 수 있을 만큼 자신의 키를 키우고 줄기를 살찌우는 것은 자기 성장의 에너지입니다.

성장하는 과정에서 스스로를 지킬 힘이 없을 때에는 어쩌면, 가시 돋은 나무처럼 자신을 지킬 가시 하나를 키울 수도 있습니다. 어쩌면 그것은 우리가 성장 과정에서 거치는 하나의 행로일 수 있습니다. 하지만 스스로 그 가시를 떨어뜨릴 줄도 알아야 합니다. 내 몸이 온통 가시투성이라는 것을 인식하고, 가시 대신 자신을 지켜 줄 줄기와 가지를 키울 수 있어야 합니다. 누구도 감히 빛으로 향하는, 내 소중한 가지를 꺾지 못하도록 굳건해져야 합니다. 이것이야말로 진정한 자기 성장이기 때문입니다. 평생 가시를 달고 사는 삶은 자신에게도 타인에게도 불편하고 힘겹고 측은할 뿐입니다.

한편, 가시를 달지 않고 사는 사람들도 명심해야 할 것이 있습니다. 바로 몸에 가시를 가득 단 사람을 만나더라도 그를 미워하지 말라는 것입니다. 오히려 그에겐 자신을 지키려는 에너지가 고독하게 흐르고 있다고 이해해주십시오. 핍박과 고난이 피워냈을, 버짐 같은 두려움이 그에게 흐르고 있다고 생각해주십시오. 그의 새순이나 꽃을 꺾지 말고 지켜봐주십시오. 그를 보듬어 안아주는 것이 먼저 가시를 떨어뜨린 사람들이 해주어야 할 일입니다. 말없이 그를 사랑해주어야 합니다. 그가 멋진 꽃을 피우며 아름다운 수형을 갖춘 나무로 성장하려고 애쓰는구나…… 그렇게 이해해주어야 합니다. 왜냐하면 그들이 건강하게 자리 잡을 수 있을 때 우리 사람의 숲도 더욱 건강하고 그윽해질 테니까요.

신경림 시인은 "한 군데쯤 부러졌거나 가지를 친 나무에, 또는 못나고 볼품없이 자란 나무에, 보다 실하고, 단단한 열매가 맺힌다"고 했습니다. 정호승 시인은 "풀잎에도 상처가 있"고, "꽃잎에도 상처가 있다"면서 "상처 많은 풀잎들이 손을 흔"들고, "상처 많은 꽃잎들이 가장 향기롭다"고 했습니다. 알고 보면, 누군가 담담하게 지니고 있는 상처야말로 그다운 모습이며 그다운 향기입니다.

존재의 발견
숲에게 길을 묻다

우리도 숲의 생명들처럼
다툴 수 있기를

신은 생명을 지속하는 강력한 원리의 하나로 경쟁이라는 장치를 두었다.
숲의 생명체들도 경쟁의 사슬에서 자유로울 수 없다. 인간 또한 그렇다.
그러나 나무와 풀은 이 사슬에 끌려가지 않는 방법을 터득해가고 있다.
그들은 다투지만, 제대로 다투며 살고 있다.

태양은 매일 떠오르지만 그 빛이 숲에 사는 식물에게 골고루 전해지는 것은 아닙니다. 대부분의 식물은 지구의 중력을 거스르며 수직으로 자랍니다. 그러다 보니 다양한 식물들이 서로 얽히고 겹치면서 자라게 됩니다. 따라서 그들은 비좁고 제한된 하늘 공간을 나누어야 합니다. 식물이 빛을 향해 다투며 자라야 하는 이유가 여기 있습니다. 식물은 빛 없이 살 수 없는 생명이므로 하나의 공간을 나눈 식물들은 빛을 얻기 위해 서로 경쟁해야 하는 숙명을 타고났습니다.

생명체의 경쟁에 대해 체계적인 접근을 시도한 최초의 인물은 아마도 찰스 다윈Charles Darwin일 것입니다. 그는 위대한 생물학자입니다. 내가 아는 한, 그는 생명의 생존법칙을 체계적으로 관찰하고 논리적으로 일갈한 최초의 학자입니다. '자연선택설'을 중심으로 하는 그의 '진화론'은 적자생존의 원리를 기반으로 합니다. 결국 시간의 강을 건너 자신의 종을 존속시키고자 하는 생명체는 경쟁에서 살아남아야 한다는 생물학적 근거를 최초로 제시한 사람이 그입니다. 그는 자연에서 펼쳐지는 거친 생존 경쟁에 적합한 생물만이 선택되어 번성할 수 있다는 통찰을 제시함으로써 근현대에 접어든 인류가 더욱 치열한 투쟁을 벌일 논거를 제시했습니다.

그의 발견은 생물학에 진화론이라는 하나의 분기점을 만들 만큼 위대했지만, 덕분에 우리 인류의 삶에는 그늘이 드리웠습니다. 이후 다윈의 진화론은 조금 앞서 주창된 스펜서Herbert Spencer의 사회진화론과 화학적 작용을 일으키면서 제국주의시대를 만났고 우생학과 데이트를 나누었습니다. 그리하여 적자생존론은 무자비한 약육강식을 뒷받침하는 논리로 발전합니다. 20세기에 들어서면서부터 역사상 가장 광범하고 참혹한 전쟁들이 터졌고, 무수한 살상이 벌어졌으며, 기막힌 인종우월주의가 횡행했습니다. 죄 없는 다윈의 이론이 광인들의 손에서 제멋대로 춤을 추던 때입니다. 지금은, 적어도 학문의 영역에서만은 당시와 같은 망령된 주장이 사라졌습니다. 그러나 삶의 영역에서는 그런 주장이 여전히 유령처럼 떠돌고 있습니다. 다윈의 잘못은 아니지만, 아직도 우리는 적자생존론의 그늘에서 살고 있습니다.

오늘날의 용어로 표현하면 신자유주의의 그늘이 되겠지요. 세계

체제 속에서 살아남기 위해 치러야 하는 무한 경쟁의 압박이 거대한 우산처럼 우리 삶에 그늘을 드리우고 있습니다. 이 그늘은 세계와 경쟁하지 않고는 살아갈 수 없는 세계화의 파생상품입니다. 이 파생상품을 구매하기 시작하면서 우리는 우리의 삶과 의식을 재편하기에 이르렀습니다. 우리는 뒤처지지 않으려면 물불을 가리지 말아야 하고, 앞선 자보다 더 앞서야 한다는 의식과 동침하기 시작했습니다. 아이들은 학교와 학원에서, 부모들은 직장과 일상에서 뒤처지는 것에 대한 두려움을 껴안고 살아갑니다. 세계와 다툴 수 있는, 이른바 '글로벌 리더'로 아이들을 키워야 한다는 강박이 멀미를 일으키기도 합니다. 그리하여 한때 조기 유학과 기러기 아빠가 유행하였고, 각종 과외와 영어 몰입 교육이 열풍을 일으키더니 이제는 그것이 당연한 것처럼 여겨지게 되었습니다. 여기에다 세상의 인정을 받기 위해서는 더 좋은 지역에다 더 큰 집을 사야 하고, 더 크고 더 비싼 차를 굴려야 한다는 빗나간 욕망이 무성하게 증식되고 있습니다. 거의 집단 최면상태에 가깝습니다. 이 시대를 지배하는 이러한 경쟁의식은 우리의 영혼을 더욱 가난하고 불행하게 만듭니다.

숲은 어떨까요? 숲의 생명들도 이렇게 치열하게 다투며 살까요? 그들도 이토록 가난한 경쟁의식으로 무장한 채 살고 있을까요?

일견 그렇게 보입니다. 숲도 사실은 경쟁으로 가득한 공간임을 부정할 수 없습니다. 숲의 가장자리에 자라는 키 작은 풀들을 보십시오. 고만고만해 보이는 그들도 실은 하루하루 빛을 다투며 살아가고 있습니다. 키가 작으면 작은 대로, 키가 크면 큰 대로 나무들 또한 빛과 양분을 다투며 살아갑니다. 숲의 상층부를 이루는 소나무, 전나무, 잎갈나무, 산벚나무, 밤나무, 느티나무, 팥배나무, 말채나무, 가죽나무, 고로쇠나무, 아까시나무…… 키가 큰 나무들도 서로 자신의 하늘을 열기 위해 줄기를 키우고 가지를 벌립니다. 때로는 다른 나무의 가지에 그늘을 드리우기도 하면서 자신을 키워갑니다. 그러니 숲의 중층부와 하층부에서 자라는 나무들은 어떻겠습니까? 상층부를 차지한 나무들이 한 차례 걸러 낸 빛을 얻기 위해 분투해야 하는 것은 마찬가지입니다.

이 숲에서도 그런 모습을 흔히 볼 수 있습니다. 이 숲의 잎갈나무 근처에 자라는 산벚나무는 빛을 놓치지 않기 위해 자신이 잎갈나무인 양 키를 키우기도 합니다. 또 이 숲 정상부의 소나무 아래에서 자라는 진달래는 소나무의 키를 따라잡을 기세로 쑥쑥 자라기도 합니다. 이렇듯 생장의 계절에 숲에 들어가 나무와 들풀을 관찰하다 보면, '숲도 온통 경쟁으로 그득하구나'라는 생각을 하게 됩니다.

어쩌면 경쟁은 생명체에게 내린, 신의 형벌이거나 위대한 계획일 것이라는 생각도 하게 됩니다. 동양의 고전인 《주역周易》에도 경쟁은 자연의 섭리라고 적혀 있습니다. 《주역》은 경쟁이 생래적인 것이고, 또한 영원히 계속되는 것임을 분명히 하고 있습니다. 서대원 선생이 풀어 쓴 《주역강의周易講義》는 경쟁比에 대해 다음과 같이 풀이하고 있습니다.

比 吉 元筮 元永貞 无咎 不寧方來 後 夫 凶

(비 길 원서 원영정 무구 불영방래 후 부 흉)

인간사회는 경쟁을 통해 발전한다. 그러므로 경쟁 자체는 길한 것이다. 서로 견주고 경쟁함은 인류가 살아 있는 한 영원히 계속된다. 경쟁에서의 첫 번째 도는 정정당당하게 이기는 것이다. 정당하지 못한 승리자는 아무리 크게 성공했다 하더라도, 끝에는 결국 흉하게 된다.

《주역》은 경쟁이 하나의 자연법칙임을 전제하면서, 그 방법이 정정당당해야 함을 역설하고 있습니다. 동양의 고전과 다윈의 진화론과 숲의 생명체를 살피노라면 경쟁은 하나의 자연법칙처럼 보입니다. 요컨대 신은 생명을 지속하는 강력한 원리로서 경쟁이라는 장치를 둔 것입니다. 결국 숲의 생명체들도 경쟁의 사슬에서 자유로울 수 없습니다. 인간도 그러합니다.

이렇듯 경쟁이 하나의 자연법칙이라면, 다시 말해 다투며 사는 것이 신에게 부여받은 생명체의 명命이라면, 우리는 그것에 어떤 뜻이 담겨 있는지를 생각해보아야 합니다. 우리에게 경쟁은 무엇이며 그것은 어떠해야 할까요? 나는 이 답을 숲의 생명체들이 보여주는 경쟁의 방식에서 찾을 수 있었습니다. 숲의 생명체들을 자세히 살펴보면 그들이 벌이는 경쟁은 우리의 그것과 상당히 다르다는 점을 알 수 있습니다.

숲은 치열하다. 빛을 구하지 못하는 나무들은 시들어 사라진다.
개화의 시기를 당기거나, 키를 더 키우거나, 자신의 잎을 더 넓게
펴는 이유가 여기에 있다. 그것은 차라리 자신과의 다툼이다.

나무와 풀들에게 경쟁이란 무엇보다 자기를 지킬 수 있는 힘을 갖기 위한 투쟁입니다. 식물이 벌이는 경쟁의 요체는 그렇습니다. 수많은 이웃의 욕망이 충돌하는 수직의 공간에서 자기의 하늘을 확보할 힘을 갖는 것입니다. 타자의 공간을 빼앗기 위한 경쟁이라기보다 비어 있는 공간 속에 나의 존재 기반을 만들어내기 위해 매일매일 자신을 키우고 변화시키는 경쟁인 것입니다. 이것은 차라리 자신과의 다툼이라고 할 수 있습니다.

예컨대 울창한 숲속에서 발아한 어떤 신갈나무는 제 잎을 거의 오동잎만큼이나 크게 키웠습니다. 다른 나무들 때문에 그늘이 들자, 빛을 받기 위해 잎을 더 넓게 키웠던 것입니다. 이건 타인이 아닌, 자신과의 투쟁입니다. 아직 허리 높이도 자라지 못한 쪽동백도 오동잎을 따라 하고 있습니다. 단풍나무는 빛을 얻기 위해 다른 나무의 가지를 피해 허리를 꺾고 줄기를 뒤틀면서 가지를 뻗어가고 있습니다. 모두 주어진 여건을 최대한 활용하기 위해 자신의 에너지를 재편하고 그에 몰두한 결과입니다. 이렇게 빛을 향해 자라는 식물의 성질을 전문적인 용어로는 '주광성走光性, phototropism'이라고 부릅니다. 식물은 빛으로 향하기 위해 자신의 생장을 조절하는 에너지를 재배치함으로써 주광성을 확보할 수 있습니다. 단풍나무는 자신의 허리를 꺾기 위해 옥신auxin이라는 식물생장물질plant growth substances을 휘어지고자 하는 부분의 반대쪽에 집중 재배치했을 것입니다. 이는 에너지의 재편과 성장을 향한 열망이 없으면 결코 해낼 수 없는 일입니다. 이는 곧게 자라는, 자기의 생장습관과 다투지

하늘말나리

하늘말나리의 잎 구조

하늘말나리의 꽃망울

하늘말나리의 잎은 빙 돌려난다.
아마도 나무 아래로 스미는 빛을 더 잘 포착하기 위해서
잎의 구조를 바꾸어냈으리라.
자기 하늘을 여는 방법을 터득한 그의 모습이 굳건하다.

않고는 불가능한 일입니다.

　이 숲에는 앞서 소개했던 힘찬 버들을 피해 자라는 층층나무가 있습니다. 녀석은 곧게 자라는 줄기에 층층이 돌려 뻗는 긴 가지를 매단 채 빠르게 성장하는, 독특한 수형의 나무입니다. 자신의 공간을 열 때까지는 가급적 곧게, 그리고 층층이 가지를 뻗는 일에 몰두합니다. 그늘진 숲에서 자신의 하늘을 열 수 있는 높이까지는 무조건 빠르게 자라는 전략을 익힌 나무입니다. 하지만 어른이 되면 여

존재의 발견
숲에게 길을 묻다

느 활엽수들처럼 자유롭게 가지를 뻗어 부드러운 수형을 갖출 줄도 아는 나무입니다. 층층나무를 닮은 예쁜 풀도 이 숲에서 만날 수 있습니다. 층층나무로부터 30여 미터 떨어진 자리에 자라고 있는 하늘말나리라는 풀이 그 주인공입니다. 하늘말나리는 숲 언저리의 제한된 빛에서도 자랄 줄 아는 백합과 나리의 한 종류인데, 줄기와 잎을 뻗는 모양이 층층나무를 닮았습니다. 녀석은 긴 줄기의 중간 지점에 6~12장의 잎을 빙 돌려내는데, 그 모양이 층층나무의 가지와 흡사합니다. 하늘말나리의 이러한 모습은 아마도 숲의 하층부에 살면서 부족한 빛을 포착하기 위해 키워낸 전략일 것입니다.

그렇습니다. 이렇듯 나무와 풀들이 보여주는 경쟁은 자신과의 싸움이 우선입니다. 타자를 누름으로써 이기는 것만을 선善으로 삼지는 않습니다. 더러 칡덩굴처럼 타자를 휘감아 결국 타자를 해치는 존재가 없는 것은 아닙니다. 그러나 대부분의 식물은 자신을 지킬 수 있는 영역을 넘어 타자의 영역을 빼앗음으로써 자신을 성장시키는 무리한 경쟁에 골몰하지 않습니다. 대부분의 식물들은 자신을 꽃피우기 위한 공간을 열기 위해 오로지 자신과 다툽니다.

숲에 기대어 사는 새들 중에 딱따구리와 동고비가 보여주는 먹이 경쟁도 흥미롭습니다. 숲을 오랫동안 관찰해온 어느 생태학자의 말처럼 그들은 같은 나무에 있는 애벌레와 곤충들을 잡아먹지만, 서로 자원을 나누는 방법을 터득했습니다. 딱따구리는 주로 나무속에 있는 먹이를 먹고, 동고비는 나무겉에 있는 먹이를 먹습니다. 딱따구리는 아래에서 위쪽으로 이동하며 먹이를 구하지만, 동고비는 주로 그 반대의 모습으로 먹이를 구합니다.

진달래와 철쭉은 봄철에 분홍색의 비슷한 꽃을 피웁니다. 그러나 개화 시기는 진달래가 철쭉보다 약 보름 정도 빠릅니다. 어느 생태학자는 진달래와 철쭉의 개화 시기가 같았을지도 모른다고 추정합니다. 그러나 서로가 더 좋은 결실을 맺기 위해 개화 시기를 달리하게 되었다는 거지요. 즉 이른 봄이라 번식을 매개해줄 곤충의 수는 유한한데, 같은 색깔의 비슷한 꽃이 한꺼번에 만발함으로써 꽃가루받이에 성공하지 못하는 꽃들이 많았을 것입니다. 따라서 진달래가 개화 시기를 앞당겼거나 철쭉이 점차 개화 시기를 늦춤으로써 수분 성공률을 높였을 것이라는 주장입니다. 동고비와 딱따구리의 모습에 비춰본다면 이 또한 전혀 엉뚱한 추측은 아니라는 생각이 듭니다. 결국 동고비나 딱따구리는 둘 중 하나가 선점하고 있는 공간에 자신의 공간을 만들기 위해 먹이에 대한 접근 방식을 바꾸었을 것입니다. 또한 진달래나 철쭉은 둘 중 하나가 선점한 개화 시기를 피하기 위해 개화를 촉진하거나 늦추고자 했을 것이고, 이를 위해 자신의 에너지를 재편해야 했을 것입니다.

주어진 경쟁 환경을 피하고 자신을 실현할 공간과 때를 열기 위해 생명체들이 벌여온 노력이 모여 지금의 정교하고 복잡한 생태계를 이루었습니다. 타자들에 의해 점유된 레드오션과도 같은 공간과 시간 속에 나를 위한 장소와 시간을 마련하기 위한 노력이 모여 자신의 삶을 지속할 블루오션을 열 수 있었을 것입니다. 이것을 유전자에 각인하고 대를 이어 전수하는 것을 다윈은 '진화'라고 명명

했습니다. 또한 블루오션을 창출해내는 과정에서 생명체는 생태계 속에서 그들의 지위niche를 확보했을 것입니다. 이렇게 보면 주어진 여건 속에서 자신을 변화시켜 자신이 꽃피울 장소와 시간을 찾는 것이야말로 자연이 보여주는 경쟁의 정수입니다. 그 경쟁을 통해 생태계는 더 견고하게 연결되고 물질은 막힘없이 흐르며 순환하게 됩니다. 우리의 별, 지구가 푸르러지고, 그로 인해 헤아릴 수 없이 많은 생명체가 살 수 있게 되며, 그것으로 다시 그 푸름을 지속할 수 있는 신비로운 메커니즘이 여기에 있습니다. 창조주의 위대함도 바로 여기에 있습니다.

그러나 오늘날 우리가 벌이고 있는 경쟁은 창조주의 뜻과 너무 다르게 흐르고 있습니다. 생명을 지속하고 풍요롭게 하는, 생태계의 원리로 부여된 경쟁의 양상은 우리 인간의 숲에서는 빠르게 꺼져가고 있습니다. 오로지 나를 변화시켜 나를 실현하고, 그를 통해 더 풍요로운 생명공동체를 이루도록 고안된 경쟁의 원리, 그 건강한 경쟁의 긍정성은 점차 상실되어가고 있습니다.

오히려 우리는 누군가의 이익을 빼앗고 누르는 것으로 승리하고 성공해야 한다고 배우면서, 그러한 삶을 살고 있습니다. 그러나 그것은 정당한 경쟁이 아닙니다. 그것은 칡덩굴의 방식입니다. 타자를 휘감아 오름으로써 내 삶을 꽃피우려는 지극히 이기적인 방식입니다. 이런 경쟁이 심화될수록 곤궁해지는 타자가 늘어나고 공동체도 점차 쇠락해갈 것입니다. 흐름은 막히고 긴 순환의 고리도 서서히 짧아지다가 결국 멈출 것입니다. 마침내 승자의 존립 기반도 무너지겠지요. 결국 웃음은 실종되고 슬픔만이 가득한 세상이 될 것입니다.

그렇다면 우리가 품어야 할 경쟁의 자세는 어떤 모습이어야 할까요? 숲의 생명체들이 보여주는 경쟁에 대한 가르침은 분명합니다. 숲은 타자와의 경쟁에서 승리하는 것은 중요하지 않다고 말합니다. 오히려 숲은 우리에게 정말 중요한 것은 오직 자기 자신과의 경쟁이요, 새로운 영역의 창조임을 보여주고 있습니다. 욕망과 욕망이 충돌하는 핏빛 대지에서 영혼을 고갈시키며 앞을 다투는 경쟁이 아니라, 나만의 푸른빛이 가득한 공간에 서는 것, 감히 추한 욕망이 넘보지 못할 자기만의 세상을 창조하는 것, 타자를 파괴하여 내 하늘을 여는 것이 아니라 나의 낡은 나날을 부숴 새로운 세상을 맞이하는 것이 경쟁의 요체임을 보여주고 있습니다.

하루라도 빨리 천박함으로 가득한 세상을 보내고, 아름다운 경쟁으로 더욱 푸르러지는 세상을 그리워합니다. 오늘도 나는 이 숲에서 그날을 그리워합니다.

존재의 발견
숲에게 길을 묻다

성장을 위한
'아름다운 생명의 그물망'

살아 있다는 것은 성장하는 것이며,
재생산하는 것이며, 그리고 우리의 이웃과
끈끈한 관계를 유지하는 것이다.
- 톰 웨이크포드, 《공생, 그 아름다운 공존LIAISONS OF LIFE》에서

앞서 우리는 '경쟁'이 성장 과정에서 반드시 겪고 감당해야 하는 하나의 자연 법칙임을 살펴보았습니다. 타자가 아닌, 자기를 라이벌로 삼고 자기의 안일과 다툴 수 있을 때 경쟁의 동력은 자기 성장에 더없이 큰 힘을 발휘한다는 점도 살폈습니다. 하지만 안타깝게도 이 시대가 부추기는 경쟁은 숲 생명체들의 그러한 가르침으로부터 크게 벗어나고 있는 것이 사실입니다. 오로지 지위와 부의 영역에서 성공하는 것만이 최고라는 물신주의가 만연하고 있습니다. 그 결과 세상살이는 더욱 치열해지고 불안해지고 각박해지고 있습니다. 경쟁만큼, 혹은 그 이상으로 중요한 원리가 생명체 저마다의 삶과 자연의 질서 속에 존재하고 있음을 모르거나

무시하기 때문입니다. 따라서 우리는 자연과 생명의 질서 속에 존재하는 또 하나의 중요한 원리를 되새겨보아야 합니다.

그것은 바로 '관계'라는 생명의 원리입니다. 살아 있다는 것은 오로지 자기 성장을 모색하는 것이기도 하지만, 그를 통해 타자와 관계를 맺고 더 나아가 생명공동체를 위해 무언가 기여하는 것이기도 합니다. 모두가 자신의 성장만을 도모한다면 생명공동체는 서로 발을 디디고 서 있을 수 없도록 짜여 있기 때문입니다.

서로가 서로를 살찌움으로써 삶의 터전이 더욱 비옥해지는 사례를 숲에서 쉽게 만나볼 수 있습니다. 먼저 제비꽃과 개미가 서로를 돕는 과정을 만나보겠습니다. 제비꽃은 주로 개미를 매개자로 자신의 씨앗을 번식시킵니다. 알다시피 일개미들은 자신의 집으로 식량을 옮겨 갑니다. 개미는 제비꽃의 씨앗을 좋아합니다. 보다 정확히는 제비꽃이 개미를 부르기 위해 씨앗에 붙여놓은 '일레이오좀 elaiosome'이라는, 젤리를 닮은 물질을 좋아하는 것입니다. 개미는 제비꽃 씨앗에 붙어 있는, 지방질이 풍부한 이 물질을 먹기 위해 제비꽃 씨앗을 통째로 물어 집으로 옮깁니다. 이제 개미는 자신의 집에서 이 일레이오좀을 떼어 먹습니다. 개미는 필요한 영양물질만을 먹은 뒤, 제비꽃 씨앗은 온전히 남겨 놓습니다. 이제 자신의 집밖에 마련해놓은 쓰레기장에 이를 내다 버립니다. 때가 되면 제비꽃 씨앗은 개미의 쓰레기장에서 새롭게 제 싹을 틔우게 됩니다. 개미가 버린 다른 쓰레기들은 제비꽃에게는 생장을 돕는 거름이 되어줍니다. 봄부터 늦여름까지 샛노란 꽃을 예쁘게 피우는 애기똥풀도

제비꽃

애기똥풀

개미는 필요한 영양물질만을 먹은 뒤,
제비꽃 씨앗은 온전히 남겨놓는다.
서로가 서로를 살쪄움으로써 삶의 터전은 더욱 비옥해진다.

마찬가지입니다. 제비꽃과 마찬가지로 그들도 개미를 위한 식사를
준비해주고, 개미를 통해 자신의 씨앗을 옮겨 번식합니다. 이 둘만
이 이런 방식으로 서로를 도와가며 삶을 잇는 것이 아닙니다. 학자
들에 따르면 전 세계 많은 식물들이 이렇게 개미의 도움으로 제 삶
의 영역을 확장하고 있습니다.

　비단 개미와 식물만이 서로를 도우며 살아가는 것은 아닙니다.
새들과 도움을 주고받는 식물들은 새들의 눈에 띄기 쉬운 붉은색
열매를 만들고 그 안에 맛있는 과육과 씨앗을 담습니다. 그들은 새
들에게 먹이를 제공함으로써 자신의 씨앗을 멀리까지 옮길 수 있습
니다. 이러한 열매들을 잘라보면 과육에 싸인 씨앗들이 얇은 필름
같은 것에 다시 한 번 감싸여 있는 것을 볼 수 있습니다. 씨앗을 보
호하는 이 막은, 새들의 먹이가 된 씨앗이 배 속을 통과할 때 새의
소화효소에 의해 알맞게 녹게 됩니다. 그 후 새가 배설을 하면 새똥

과 함께 떨어진 씨앗이 그 자리에서 삶을 시작합니다. 이때 새의 식사 과정을 통해 이미 발아의 내적 조건을 완성한 씨앗은 새똥의 영양분을 덤으로 취하여 새로운 삶을 시작함으로써 보다 안정적인 출발점을 얻게 됩니다.

숲의 생명체들이 서로 끈끈한 관계를 맺고 살아감으로써 함께 풍요로워지는 모습은 동물과 식물의 관계에만 한정되어 있지 않습니다. 내가 생각하는 가장 극적인 관계는 우리가 쉽게 볼 수 없는 곳에서 맺어집니다. 주로 땅속에서.

내가 사는 오두막 앞에는 텃밭이 있습니다. 내가 숲에서 살기로 하고 마련한 밭입니다. 내가 경작하기 전에 이 밭은 인삼밭이었습니다. 인삼은 그 영양분이 대단한 것으로 전 세계에 알려져 있습니다. 인삼의 재배 기간은 보통 5년 내외입니다. 긴 시간이 걸리지만 상대적으로 고소득을 안겨주기 때문에 농가에 인기가 좋습니다. 그러나 한 번 인삼을 재배한 땅에는 몇 년간 다시 인삼을 심을 수가 없습니다. 인삼의 뿌리는 토양의 영양물질을 흡수하는 능력이 발군인데, 이로 인해 한 번 경작한 토양에 연작을 할 경우 인삼이 자랄 수 없을 만큼 필수 영양물질이 고갈되기 때문입니다. 이 밭의 경작권을 받은 이후 나는 매년 가을마다 그곳에 꼭 콩을 심습니다.

콩이 공생 관계를 형성하는 과정은 극적입니다. 콩은 타자를 도움으로써 자신에게 부여되지 않은 능력을 획득합니다. 콩은 대부분의 식물과 마찬가지로 3중 결합 상태인 질소(N_2)를 직접 흡수할 수 없습니다. 그래서 콩은 공생이라는 아름다운 관계를 찾아내게 됩니다. 뿌리혹박테리아Rhizobium라는 균근菌根으로부터 성장과 결실에 필요한 필수영양분인 질소를 얻는 것입니다. 콩의 생활을 돕는 이 균근은 콩의 뿌리에 둥근 혹 모양으로 달려 있습니다. 이들은 콩이 자라는 데 반드시 필요한 질소를 암모늄(NO_4^+)이나 질산염(NO_3^-)의 형태로 제공합니다. 반대로 콩은 광합성을 통해 생산한 영양소의 일부를 이들 질소고정균에게 뿌리를 통해 제공해줍니다. 콩의 뿌리를 뽑아보면 이들이 얼마나 밀접하게 서로를 돕고 있는지 육안으로 확인할 수 있습니다. 뿌리에 혹처럼 달린 지하의 생명이 지상의 식물을 살찌우고, 다시 지상의 생장으로 땅속을 살찌우는 극적인 모습이 거기에 담겨 있습니다. 콩만이 아닙니다. 강낭콩과 땅콩은 물론이고, 싸리나무, 아까시나무 같은 콩과 식물 대부분이 이러한 아름다운 관계를 맺습니다.

또 오리나무나 보리수나무는 뿌리에 프랜키아Frankia라는 미생물이 살 수 있게 '혹을 닮은 집'을 내어줌으로써 꽃을 피울 수 있습니다. 이것은 대표적으로 밝혀진 몇 가지 예에 불과합니다. 연구에 따르면 90퍼센트 이상의 식물이 균근과 연대하며 살아가고 있습니다. 거의 모든 식물들이 자신의 발아래 놓인 타자와의 관계를 통해 생존하는 것입니다.

등산이나 산책을 즐기며 주의 깊게 주변을 살펴본 적이 있다면, 주로 나무줄기나 바위에 붙어 있는 회녹색의 크고 작은 반점을 본 적이 있을 것입니다. 그들에게 생물학자들은 지의류地衣類라는 이름

지의류

거의 모든 식물들이 자신의 발아래 놓인 타자를 돕고
또한 그들의 도움을 받으며 살아가고 있다.
사진 속의 지의류 또한 녹조류와 곰팡이의 생명 연합체다.

을 붙여주었습니다. 그들도 생명체입니다. 보다 정확히는 생명 연합체입니다. 즉, 녹조류綠藻類와 곰팡이의 공생체인 것입니다. 이들은 상대가 없으면 생존할 수 없는, 그야말로 매우 끈끈한 관계를 유지하고 있습니다. 녹조류는 광합성을 하며 살아갑니다. 녹조류는 지구가 탄생한 이후 플랑크톤, 박테리아 등의 단순한 생명체들과 함께 이 지구를 지배하며 대기 중의 산소 농도를 높여온 조류의 일종입니다. 따라서 그에게는 광합성을 위한 수분이 필요합니다. 곰팡이가 바로 수분을 제공해주는 역할을 합니다. 녹조류는 곰팡이에게 광합성을 통해 생산한 탄수화물을 제공해줍니다. 지의류라는 이름으로 하나가 된 두 생명은 그렇게 긴 세월 동안 더불어 삶으로써 지구의 대기에 엄청난 영향을 미쳐왔습니다.

개미와 진딧물의 연대는 널리 알려져 있는 사례입니다. 진딧물은 식물로부터 자신들에게 필요한 영양분을 섭취하고 배설합니다. 개미는 그들의 배설물을 좋아합니다. 진딧물은 무당벌레 같은 포식 곤충들에게 취약합니다. 개미는 진딧물의 배설 감로수를 먹기 위해 이들로부터 그들을 보호해줍니다. 흥미로운 연대를 통해 그들은 서로를 살찌웁니다.

생명은 오직 연대와 관계 속에서만 생명일 수 있습니다. 그것이 자연의 법칙입니다. 더 쉬운 예도 수없이 많습니다. 꽃이 벌이나 나비 같은 곤충과 맺고 있는 관계는 어떻습니까? 식물이 곤충과 맺어온 연대의 역사가 없었다면 세상에 아름다움은 아예 존재하지 않았을 것입니다. 철마다 다른 색깔로 눈부시게 피어나는 꽃의 속살을 헤집으며 꿀과 꽃가루를 탐하는 벌과 나비와 나방 같은 곤충들이 없었다면, 우리가 볼 수 있는 꽃은 오로지 제꽃가루받이(자가수분)를 하거나 무성생식을 하는 식물들의 꽃 외에는 없을 것입니다. 우리가 생명이 없는 존재로 구분하는 바람은 또한 어떻습니까? 바람이 불지 않으면 사라질 생명의 목록은 상상을 초월합니다. 물은 말해 무엇 하겠습니까?

분명합니다. 생명은 그렇게 아주 복잡한 관계의 망으로 얽히고 설켜 살아가야 합니다. 그 복잡한 관계의 망 속에서 누군가를 돕고, 누군가의 도움으로 자라고 꽃피우고 열매 맺으며 성장하도록 되어 있습니다. 생태계는 그 자체로서 '아름다운 생명의 그물망'인 것입니다.

17세기 영국의 시인 존 던John Donne은 "인간은 어느 누구도 그 자체로서 온전한 하나의 섬이 아니라"고 했습니다. 기대지 않고 살아갈 수 있는 생명체는 이 별에 없습니다. 지금 세상에 횡행하는, 오로지 자신의 배만 불리고 제 영혼만 살찌우면 된다는 생각은 너무 어리석고 위험한 믿음입니다. 강자만이 살아남는 세상은 욕심이 지나친 사람들이 만들어놓은 허구입니다.

우리는 지금 이 허구적 욕망과 믿음이 더욱 확산되어가는 사회를 살고 있습니다. 원주민의 아픔을 무시하고 추진되는 부동산 재개발은 이러한 현상을 반영하는 단적인 사례로, 이미 우리 사회에서 보편을 이룬 지 오래입니다. 원주민의 대부분은 재개발로 지어지는 집이나 건물에 들어갈 수 없습니다. 가난하기 때문입니다. 개발업자들은 그들에게 몇 푼의 돈을 쥐어주는 것으로 합리적인 보상을 했다고 믿습니다. 개발업자들이 개발을 통해 챙기는 이익의 총량에 비하면 새 발의 피 수준에 불과한 돈을 사회적 약자인 원주민에게 쥐어주면서 그것을 '합리'라고 부릅니다. 그 새로운 집이나 건물에 입주하는 사람들 다수는 이러한 개발 방식을 통해 부동산 차익을 획득하는 것을 아무렇지 않게 생각합니다. 몇 푼의 돈을 챙겨 삶의 터전을 떠나야 하는 것은 그들이 무능한 탓이고, 그곳에 새 집을 차지할 수 있는 자신들은 유능하다는 무의식에 집단적으로 사로잡혀 있는 것입니다. 서로를 존중하는 의식수준에 도달한 나라들에서 가난한 원주민을 보호하고 그들을 위한 대책을 수립하기 위해 긴 시간 동안 대안을 찾아가며 재개발을 추진하는 모습과는 너무나도 다릅니다. 사회적으로 중심에 있지 못한 사람들이 가난을 죄처럼 끌어안고 살아야 하는 구조가 강화되고 확산되는 것은 위험한 일입니다.

지구가 있어 달이 있는 것이 아닙니다. 달이 있어 지구가 있는 것도 아닙니다. 서로가 있어 서로가 있는 것입니다. 서로의 균형이 깨어지지 않도록 살뜰히 잡아주는 것으로 세상이, 별들이 지속되고 있습니다. 우리가 자꾸 잊어가고 있는 이 위대한 법칙을 반드시 되살려내야 합니다. 우리는 누구도 홀로 온전할 수 없었고 앞으로 그럴 것이기 때문입니다.

이 시대에는 타자보다 앞서는 것이 행복한 삶의 필요조건이라는 믿음이 가득합니다. 그러나 행복한 삶이란 그런 것이 아닙니다. "살아 있다는 것은 성장하는 것이며, 재생산하는 것이며, 그리고 우리의 이웃과 끈끈한 관계를 유지하는 것이다." 공생에 대해 연구하는 톰 웨이크포드Tom Wakeford의 이 말은 틀림없는 진리입니다.

경
계

경계,
그곳에 누군가의 길이 있다

모든 시공간의 영역에 경계가 존재한다.
어떤 생명들에게 경계지대는 기회의 영역이다. 경계로 가라!
그곳은 특히 작게 태어나서 그 삶을 이어가야 하는 숙명을 타고난 이들에게
훌륭한 기회의 땅이 된다.

나는 경계에 머무는 것을 좋아합니다. 이를테면 어떤 모임이나 행사에 참석할 때마다 가급적 중앙보다는 가장자리에 앉기를 좋아합니다. 가장자리는 어쩌면 말석에 가까운 자리이기도 합니다. 말석은 중요한 사람들이 앉는 중앙의 자리와는 비켜 있으므로 크게 눈에 들지 않습니다. 그곳은 타인의 부담스러운 시선으로부터 상대적으로 자유로울 수 있고, 드나듦에 있어서도 비교적 자유로운 자리입니다.

여행 중 잠시 멈춰 서서 주변의 경치를 감상할 때도 나는 경관의 중심부가 아닌, 어느 경계 지점에 서서 바라보기를 좋아합니다. 바다를 음미할 때, 나는 바다와 육지가 만나는 백사장이나 암석지대

에 서기를 좋아합니다. 강 한 굽이를 감상할 때도 그렇습니다. 땅이 강을 만나고 다시 그 땅이 강물의 흐름을 따르며 굽이쳐 흘러가는 것을 볼 수 있는 어느 곡면의 지점이 좋습니다. 경기도 양평 근처 남한강 줄기와 북한강 줄기가 합쳐지는 두물머리처럼 여러 갈래 물길의 합수合水 지점도 무척 좋아하는 편입니다. 혹은 하늘이 구름을 타고 산으로 내려와 산과 섞이면서 하늘과 산의 경계가 지워진 어느 지점, 논밭이 계속 이어지다가 숲이 시작되면서 서서히 곡선을 형성하는 곳, 그리고 사고파는 사람들이 한바탕 떠들썩하게 섞이고 부딪히는 장터 같은 곳도 내가 좋아하는 경계의 지점들입니다.

장소만이 아닙니다. 시간에 있어서도 나는 경계의 구간을 좋아합니다. 이를테면 밤이 낮에게 자리를 내어주는, 푸르스름한 여명의 시간. 혹은 낮이 밤과 섞이면서 빚어내는, 검붉은 노을의 시간. 이제 막 가장 키가 작은 새싹들이 제일 먼저 들판을 파릇파릇 수놓기 시작하는 늦겨울과 봄의 계절적 동거 기간. 온갖 꽃들과 녹음이 섞이기 시작하며 서로의 빛깔을 자랑하는 춘하春夏 경계의 시간. 붉거나 노랗거나 아직 푸르른 잎들이 겹쳐지는 여름과 가을의 경계 시간. 바람에 새 떼처럼 낙엽이 우수수 흩어지며 차가운 빛으로 변해가는 추동秋冬 교차의 시간……

이렇듯 공간에 있어 경계는 늘 이쪽과 저쪽이 섞이는 자리입니다. 경계에 걸려 있는 시간 또한 이 순간과 저 순간이 절묘하게 겹쳐지는 찰나와도 같은 지점입니다. 그래서 경계는 열려 있는 공간이고 잠시 흐름이 멈춘 것처럼 느껴지는 시간이기도 합니다. 내가

시간의 경계

공간의 경계

숲의 경계

시공 속에 경계가 있다. 경계는 이쪽과 저쪽,

이 순간과 저 순간이 절묘하게 만나는 지점이다.

모든 경계는 규정지을 수 없는 아름다움으로 가득하다.

때로 우리는 그 아름다움을 탐할 필요가 있다.

경계를 좋아하는 이유는 아마 하나와 다른 하나가 빚어내는 어떤 모호한 아름다움 때문일 것입니다. 경계는 모호하기 때문에 부드럽고, 열려 있기 때문에 자유로운 곳입니다.

숲에도 경계가 존재합니다. 숲이 들이나 마을과 만나는 지점, 혹은 숲이 수면이나 해수면과 만나는 지점 같은 곳을 생각하면 되겠지요. 숲의 경계 또한 여느 경계의 공간처럼 다양함이 섞이는 지대이고 상대적으로 열려 있는 공간입니다.

숲에 있어 경계는 기회의 땅입니다. 그곳은 밭이나 논과 달리 사람의 간섭과 교란으로부터 상대적으로 자유로운 공간입니다. 아울러 숲의 주류들로부터도 상대적으로 자유로울 수 있는 만화방창萬化方暢의 공간입니다. 이미 숲속에 제 영역을 차지한 크고 우거진 나무들의 그늘로부터 조금 떨어져 있는 가장자리가 바로 숲의 경계지대입니다. 그곳은 사람의 지나친 간섭과 숲속 기득권 세력의 영향력 사이에 존재하는, 이쪽과 저쪽의 사각을 이루는 좁고 기다란 띠 같은 공간입니다.

숲의 경계지대는 너른 들판보다는 못하지만, 숲 안쪽보다는 훨씬 많은 빛을 챙길 수 있는 공간입니다. 또한 숲의 고지대로부터 숲 아래쪽으로 흘러내려오는 적지 않은 물을 얻을 수 있는 곳이기도 합니다. 아울러 숲 안쪽에서 다른 생명들이 죽음과 분해의 과정을 거치면서 만들어낸 넉넉한 무기영양분을 낚아챌 수 있는 자리입니다. 건강한 숲에서는 항상 낙엽이나 나뭇가지 같은 식물의 잔해나, 크고 작은 동물들의 사체가 분해자들의 왕성한 활동에 의해 분해되고 있습니다. 그 분해물들 중 숲 안쪽의 식물들에게 영양분으로 쓰이고 남는 영양분의 일부는 숲의 경사를 타고 자연스레 아래쪽으로 흐르게 됩니다. 경계지대의 식물들은 이 영양분을 낚아챌 기회를 부여받고 있는 것입니다. 이러한 이유로 숲의 경계지대는 기득권으로부터 소외된, 어리고 가녀린 생명들에게는 금쪽같은 기회가 부여되는 공간이 됩니다.

그래서 숲에는 경계를 자신의 터전으로 삼은 다양한 생명들이 존재합니다.

이른 봄 하얀 꽃을 소담하게 피우는 조팝나무, 얼음 녹는 소리가 들리자마자 그 복스러운 털 모양의 꽃을 피워내는 버들강아지, 지그재그의 독특한 모양으로 가지를 키우며 앙증맞은 연둣빛 잎을 틔워내는 국수나무, 장사익 선생의 노래로도 친근한 찔레, 하늘을 향한 작은 병 모양의 열매가 인상적인 병꽃나무, 보라색의 작은 꽃을 피워 가을이 멀지 않았음을 알려주는 싸리나무 군락들, 가을 녘에 붉은색의 열매를 탐스럽게 달고 내 눈을 유혹하는 까마귀밥여름나무, 여린 순을 얻어다가 살짝 데쳐 초장에 찍어 먹으면 그 맛이 일품인 두릅나무, 그 열매가 익어가는 6월을 기다리게 만드는 산딸기 덩굴들, 독특한 은빛의 가는 줄기로 시선을 빼앗으며 가던 걸음을 멈추게 하는 복분자 덩굴들, 열매로 술을 담가도 좋을 개복숭아나무, 가느다란 줄기를 뽑아 올리며 키 작은 나무들을 타고 오르는 사위질빵이나 할미밀망의 덩굴들, 새싹 때의 모습과 다 자란 모습이 너무나 달라 마음을 혼란스럽게 하는 환삼덩굴, 그 아래 저마다 부

숲에는 경계를 자신의 터전으로 삼은
다양한 생물이 존재한다.

지런히 자라며 꽃을 피우고 열매를 맺는 삶을 반복하는 수많은 들
풀들…… 이 숲의 경계에 사는 식물들만을 예로 들어도 끝이 없을
지경입니다.

이 경계지대의 식물들 틈을 오가며 살아가는 동물들 또한 무척
다양합니다. 덤불숲을 오가며 작은 눈망울을 굴려대는 오목눈이나
참새, 박새, 쇠딱따구리 같은 작은 새들, 꿩 꿩 울며 수컷의 위용을
자랑하지만 걸어가는 모습이나 날아가는 모습은 둔하고 우스꽝스
러운 꿩, 도시에 사는 비둘기와 달리 살아 있는 야성으로 잽싸게 먹
이를 잡으며 돌아다니는 멧비둘기, 그리고 다른 까치들이 사는 마
을 주변을 마다하고 숲에서 살아가는 일명 산까치처럼 조금은 큰
몸집을 가진 새들, 늦여름 밤 내가 사는 오두막 뜰을 고운 형광빛으
로 수놓으며 구애작전을 펼치는 개똥벌레들, 가끔 오두막 옆의 옹
달샘을 오가는 개구리와 두꺼비, 은밀하게 기어 다니는 뱀, 덤불숲
을 헤집고 뛰노는 멧토끼와 너구리와 오소리…….

이러한 식물들과 식물들이 열어놓은 공간을 삶의 터전으로 살아가는 동물들은 경계의 유용성을 아는 생명들입니다. 그들은 이곳이 마을에 사는 인간들의 간섭과 이미 숲의 주류를 이룬 다른 생명들의 제약으로부터 상대적으로 자유로운 공간임을 알고 있습니다. 상대적으로 키가 작고 여린 자신들이 자라고 꽃피우고 번식해갈 수 있는 공간이 바로 이러한 경계지대임을 아는 것입니다. 요컨대, 숲의 경계는 작게 태어나서 그 삶을 이어가야 하는 숙명을 타고난 이들에게 훌륭한 기회의 땅이 되는 것입니다.

하지만 이곳에는 기회만큼 위험도 존재합니다.

고라니나 멧토끼 같은 초식성 동물들은 식물의 새순이나 부드럽고 어린 가지를 좋아합니다. 따라서 이곳 경계지대에 사는 식물들에게 그들은 무척 성가신 존재입니다. 수시로 이빨을 갈아야 하는 들쥐 같은 설치류들은 이곳 관목들의 딱딱해진 줄기를 여기저기 갉아놓기도 합니다. 경계지대를 선호하는 식물만이 아니라 동물들도 이 공간이 자신들의 식량 창고요 삶의 터전이라는 사실을 잘 알고 있는 것입니다. 그뿐만 아니라 사람들도 종종 이 경계지대를 넘나들며 산나물과 어린순 등을 채취합니다. 따라서 가끔은 숲 밖에 사는 사람들도 이들에게 위협이 됩니다.

식물들만이 아니라 이곳에 사는 작은 동물들도 위험하기는 마찬가지입니다. 작은 곤충들은 개구리나 새에게, 개구리나 새는 다시 뱀이나 맹금류에게 삶을 빼앗길 위험이 상존합니다. 이렇게 보면 창조주는 모든 시간, 모든 공간에 기회와 위험이 상존하도록 설계

해놓았음을 깨닫게 됩니다.

　그런데 참으로 오묘한 것은 이 공간에는 이러한 위험을 피할 장치도 함께 마련되어 있다는 사실입니다. 그것은 개별적이기도 하고 공동체적이기도 합니다.

　개별적으로는, 이곳에 사는 생명 하나하나가 경계를 사는 전략과 무기를 개발하여 지니고 있습니다. 예컨대 조팝나무나 싸리나무는 여러 갈래로 솟구치는 분수처럼 자신들의 줄기를 아주 많은 갈래로 뽑아 올리고 꽃을 피워 열매를 맺습니다. 따라서 설치류 몇 마리나 멧토끼 몇 마리에게 자신의 일부 줄기를 내주어도 그들은 삶을 지속할 수가 있습니다. 숲에 인접해 있어 햇빛의 양에 제약을 받는다 해도 이들은 이를 극복하고 밥을 만드는 광합성을 할 수 있는 전략도 개발해냈습니다. 국수나무를 비롯한 몇몇 나무는 줄기를 눕혀 키우는 동시에 지그재그로 자라기도 합니다. 열악한 조건에서 이렇게 하면 하늘을 향해 곧게 자라는 것보다 훨씬 많은 햇빛을 받을 수 있습니다. 또한 덤불은, 《숲의 생활사》를 쓴 차윤정 박사의 설명처럼, 수초에서 10분 이내에 사라지는 빛을 받아들이고 생산에 활용하기 위해 잎의 구멍을 20분간이나 열어놓고 빛을 기다릴 줄도 압니다. 경계를 사는 작은 풀들에게는 이러한 작은 떨기나무의 그늘조차 방해가 될 수 있습니다. 그래서 이 녀석들은 아주 이른 봄에 서둘러 피고 서둘러 질 줄 아는 지혜를 키워왔습니다.

　공동체적인 장치로 가장 눈에 띄는 것은 덩굴이나 가시를 달고 있는 덤불들이 큰 우산의 역할을 해준다는 점입니다. 경계를 사는 덤불들 대부분은 가시를 달고 있습니다. 이 가시 때문에 사람이나 짐승들은 그들에게 함부로 해를 가하기 어렵습니다. 또한 이러한 자연 철조망은 몸집이 작은 수많은 동물들의 은신처가 됩니다. 그리고 이러한 관계는 끊임없는 선순환善循環 고리를 만들어 이 경계의 땅을 비옥하게 합니다. 서둘러 피고 지는 어린 풀들의 삶은 다른 식물들에게 거름이 되고, 다른 식물들은 다시 동물들의 은신처요, 터전이 됩니다. 동물들은 그들의 종자를 퍼뜨리는 전령사가 되기도 하고, 먹고 은신하며 배설함으로써 다시 거름을 만들어주기도 합니다. 그렇게 함으로써 그들이 살아가는 경계는 더욱 풍성해지고 넓어집니다.

생태학자들은 이러한 숲의 경계 영역을 임연부林連部라고 부릅니다. 이 임연부가 있음으로써 숲 전체는 더욱 풍요로워질 수 있습니다. 이 경계의 땅은 생물 종의 다양성이 매우 높은 곳입니다. 그들의 생산 활동 또한 활발한 곳입니다. 경계는 숲에서 흘러내리며 이탈하는 물과 영양물질을 한 번 더 잡아두고 활용하는 공간이기도 합니다. 또 물의 흐름을 늦추고 토양의 유실도 막아줍니다. 결국 이곳은 인간의 정주 환경에도 훌륭한 서비스를 제공해줍니다. 그러니 이 경계의 땅에 참으로 오묘한 저마다의 삶이 있고, 전략이 있으며, 그것으로 생명공동체는 더욱 푸르러집니다. 따라서 경계야말로 수많은 기회가 열려 있는 동시에 지극히 위대한 자연 순환의 공동체적 법칙이 살아 있는 땅인 것입니다.

경계지대를 찾아 제 삶을 살아가는 생명들을 보노라면 우리 모두가 제 꼴을 찾아 살아야 한다는 깨달음을 얻게 됩니다. 키가 작고 여린 풀이나 떨기나무들은 숲의 중앙부를 탐하지 않습니다. 그들은 차라리 숲의 경계지대를 택합니다. 그곳에서 각자 제게 맞는 전략으로 위험을 피하며 자신을 꽃피우는 삶을 이어가고 있습니다. 그것으로 또한 서로가 서로를 살찌우는 선순환의 공동체를 이루며 살아갑니다.

지금 세상은 모두에게 주류의 삶을 살라고 합니다. 모두가 숲의 한복판에서 가장 큰 키를 키우고 가장 화려한 꽃을 피워야 훌륭한 삶이라고 합니다. 하지만 모두가 숲의 한가운데를 차지할 수는 없습니다. 모두가 중심이 되기를 원한다면, 세상은 더욱 치열하고 각박해질 뿐입니다. 모두가 주류라 부르는 삶을 살 이유도 없습니다. 누군가는 그토록 아름다운 경계의 길을 걷도록 태어난 것이 틀림없습니다. 그러므로 모두가 세상의 중심부에 갇혀 살 이유가 없습니다. 그저 저답게 살 수 있는 공간을 찾아 저답게 자라고 저다운 꽃을 피우면 족합니다. 그것으로 각자는 행복하고, 생명의 공동체는 더욱 풍요롭게 지속되는 것입니다. 창조주의 뜻이 분명 그곳에 있을 것입니다. 나는 그렇게 믿습니다. 그렇기에 나는 언제나 경계의 삶을 즐거워합니다.

버려진 땅 위에
자신의 꽃을 피우는 일

사막에서도 삶은 태어나고 이어진다.
치이고 차이는 삶을 거부하는 것으로 자기의 세계를 열고 싶다면
사막과도 같은 땅에 서라. 그곳을 골라 나를 세우는 자기혁명가로 살자!

동지多至가 지나자 내가 사는 산방에도 제대로 추운 날이 찾아왔습니다. 주변의 땅이 모두 얼어붙었습니다. 이제 깊은 겨울이 시작되려나 봅니다. 겨울은 숲의 생명들에게도 힘겨운 시기입니다. 겨울은 생장의 욕망을 펼쳐놓기보다는 생존의 본능을 요구하는 시기입니다. 느티나무 같은 낙엽수가 잎을 내밀었다가는 동해를 입을 것이고, 소나무 같은 늘 푸른 침엽수가 부동액을 예비하여 줄기와 가지로 보내지 않는다면 선 채로 얼어버리는 시기가 겨울입니다.

어떤 의미에서 또 다른 차원의 숲이라 표현해도 좋을 인간의 세상에도 겨울이 찾아드는 때가 있기는 마찬가지입니다. 오늘날 사람

의 세상에서 우리가 마주하고 있는 겨울의 풍경을 짧게 스케치해보면 대략 이렇습니다. 고도화된 자본주의 체제 아래 전 세계가 저성장의 흐름 위에 놓였고 그 탈출구를 찾는 것은 쉽지 않아 보입니다. 약자에 대한 착취를 기반으로 파생된 계층 간 소득 불균형 문제는 계속 심화되어왔습니다. 자연에 대한 거침없는 수탈이 빚은 기후변화와 환경문제는 이제 공기와 물과 바람과 불 모두에서 가시화되고 있습니다. AI를 비롯한 첨단 기계가 인간의 일자리를 대체하기 시작하면서 일자리 감소 문제가 심각해질 거라고 많은 이들이 전망하고 있습니다. 특히 청년세대에 닥친 실업 문제는 찬란해야할 청춘이 뜻하지 않게 막막한 겨울의 입구에 서서 서성인다는 느낌을 갖게 합니다. 젊은 세대가 결혼을 미루거나 기피하고 출산율이 계속 감소하는 현상 등은 우리 공동체 전체의 미래마저 위협할 겨울이 되지 않을까를 염려하게 합니다. 또한 노령사회가 도래하고 있습니다. 삶의 방식과 정서는 갈수록 개별화되고 더불어 사는 문화 속에서 나눌 수 있었던 따뜻한 인간관계의 즐거움과 지혜는 점점 허물어지고 있습니다. 그래서 빚어지는 소외와 고독감…. 지금 우리 세계와 공동체, 그리고 각자가 감당하는 삶의 무게는 숲에 찾아드는 혹독한 겨울의 시간과 비슷해 보입니다.

세대를 나누어 보다 현실 가까이에 있는 이야기를 해보면 각 세대에게 당도하고 있는 겨울의 실상이 더욱 체감됩니다. 100세 시대를 살아갈 중장년은 은퇴 후 무엇을 하며 남겨진 긴 노년을 보내야 할지 막막해합니다. 그간 배운 것에 기대어 직장을 얻고 삶을 꾸려

존재의 발견
숲에게 길을 묻다

살았으나 변화가 익숙하지도 않고 심지어 두렵기까지 한 나이가 되어 조직을 떠나야 합니다. 인류사상 가장 긴 기대수명을 갖게 된 지금, 도대체 무엇을 하며 남은 시간을 살아야 할지 정하지 못한 이들의 삶은 시립니다.

청춘 세대의 겨울은 다른 이유로 더욱 시립니다. 사람들은 '이생망'이니, '흙수저'니 '줄포세대'니 하는 말을 자연스럽게 쓰고 있습니다. 찾아보니 '이생망'이란 '이번 생은 망했다'는 말의 줄임 표현이라 합니다. '흙수저'는 돈 없고 연줄 없는 부모 밑에서 태어난 신세를 가리키는 말이랍니다. 대조적인 말로는 '금수저'니 '은수저'니 하는 말이 있다고 하고요. 심지어 경제적 수준이 어느 정도면 그 말들에 각각 해당하는지를 구분하는 기사까지 있습니다.

중장년 직장인들의 처지와 이러한 신조어들로 시린 처지를 은유하는 청춘들의 현실은 내게 빽빽하게 들어선 잣나무 군락지의 어두운 그늘 아래에 서 있는 몇 그루의 진달래를 생각하게 합니다. 잣나무로 가득한 숲을 보신 적이 있습니까? 그 숲 아래에 어떤 나무들이 자라고 있는지 눈여겨 살펴본 적이 있습니까? 울창한 잣나무 숲 아래에는 좀처럼 다른 식물들이 자라지 못합니다. 그곳은 잣나무의 나뭇갓에 가려 햇빛이 비치지 않습니다. 게다가 바닥은 잣나무가 떨어뜨린 바늘잎 낙엽들로 뒤덮여 있습니다. 빛도, 토양도 다른 식물들의 삶을 허용하지 않는 공간입니다.

평생의 일터에서 소용을 다하고 조직을 떠나야 하는 중장년의 직장인들과 자신의 힘으로는 도저히 날개를 펼 수 없는 청춘들은 지금 잣나무 군락지의 어두운 그늘 아래 갇혀 있는 형국입니다. 그대가 그 숲에 갇힌 도토리라면 어떻게 하시겠습니까? 여기 내가 좋아하는 풀과 나무의 삶이 있습니다. 이들은 자신의 하늘을 가린 어둠의 터전을 박차고 나와 새로운 삶을 이어가고 있습니다. 나는 그대가 이들의 혁명적인 삶에 대해 읽고 용기를 얻기 바랍니다.

먼저 질경이라는 풀이 있습니다. 질경이는 그 모양새가 참 보잘것없습니다. 땅바닥에 납작 엎드린 앉은뱅이 키에, 볼품없는 잎사귀, 꽃도 아주 작고 수수하여 눈길조차 제대로 받지 못합니다. 질경이는 여러 해를 사는 다년생 풀입니다. 주로 길의 가장자리나 빈터 등 다른 풀들이 살기 어려운 자리에서 자랍니다. 길 위의 수레바퀴 앞에서 자주 발견된다 하여 한방에서는 잎을 차전車前, 씨앗을 차전자車前子라 부르며 약용합니다.

녀석의 살아가는 방식을 가만히 들여다볼 때마다 나는 '혁명'이라는 단어를 떠올립니다. 누군가는 혁명을 얼음 위에 불을 피우는 일과 같다고 했습니다. 그만큼 불가능에 가까운 상황을 전복해야만 겨우 가능해지는, 실로 어려운 일이 혁명일지도 모릅니다. 질경이는 그렇게 어려움이 많은 혁명적인 방식으로 자신의 삶을 개척한 들풀입니다. 녀석은 주로 옥토보다는 비전박토의 척박한 땅을 골라 자랍니다. 왜 옥토가 아닌 박토의 땅일까요? 그것은 누구도 침범하기 힘든 자신만의 터전을 확보하기 위해서였습니다. 사람을 포함한 수많은 생명들이 오가는 딱딱한 길. 대부분의 다른 식물들은 쳐다보지도 않는 그 길 위에 자신의 뿌리를 내리고 삶을 키워 종을 유

질경이

질경이꽃

질경이는 혁명전사다. 비전박토,
버려진 땅에 자신의 영토를 개척한 생명이 바로 그다. 그래서일까?
그가 피우는 아주 작은 꽃은 뜨거운 심장의 모양을 하고 있다.

지하는 놀라운 모습. 그들은 버려진 땅 위에 자신의 영토를 열기 위해 힘겨운 진화를 감내해야 했습니다. 기름진 땅 위에는 수많은 다른 식물들이 뿌리를 뻗고 키를 키우면서 생존과 번식의 자리를 놓고 다툽니다. 질경이는 상대적으로 작은 키에 보잘것없는 외모로, 큰 키의 식물들과 경쟁하기가 힘들었을 것입니다. 큰 키의 풀들에게 자신의 삶이 갇히자 질경이는 과감히 불모지를 찾아 나섭니다. 딱딱한 땅 위에 뿌리를 내리고 씨앗을 퍼뜨리는 진화를 감행한 것이지요.

딱딱한 길에 뿌리를 내리는 것도, 그리고 수시로 밟히고 차이는 여건에서 살아남는 것도 틀림없이 힘든 일이었겠지요. 하지만 질경이는 그 고난의 세월을 견디며 비전박토를 자신의 터전으로 만들고야 말았습니다. 그렇게 자신의 영역을 닦고, 마침내 자유의 공간을 일구어냈습니다.

척박한 환경을 선택하여 자신의 영토를 확보하는 데 성공한 질경이의 노력은 여기에 그치지 않습니다. 이제 자신을 밟고 다니는 동물들로부터 자신을 지켜낼 수 있는 장치가 필요했습니다. 녀석의 노력은 눈물겹기까지 합니다. 사람을 포함한 동물들의 숱한 발자국을 견디기 위해 잎은 바닥에 납작 퍼지도록 진화했고, 또 질기면서도 유연하여 갈라질지언정 꺾이지 않도록 변화해야 했습니다. 종자를 맺고 번식을 통해 대를 잇기 위해 씨앗도 척박함을 견디는 선택을 지속해야 했습니다. 그들의 씨앗은 아무리 밟혀도 찌그러지지 않고 오히려 신발이나 바퀴에 붙어 멀리 퍼져 나갈 수 있도록 변했습니다. 그들의 씨앗은 등산객의 신발에 붙어 산길을 따라, 오솔길을 따라 번식할 수 있을 만큼 강인합니다. 질경이는 그렇게 어려움을 기회로 바꾸는 지혜를 일궈낸 풀입니다.

혁명적으로 자신의 삶을 일구는 식물은 질경이만이 아닙니다. 생각하건대, 잎보다 꽃을 먼저 피우는 나무들 또한 자신들의 불리한 삶을 가히 혁명적인 방식으로 극복하고 있는 존재들입니다. 이른 봄 이 숲에서 가장 먼저 꽃을 피워 봄소식을 알려주는 생강나무 역시 혁명가입니다. 알다시피 나무는 잎을 통해 이산화탄소를 받아들이고, 쏟아지는 햇살로부터 빛을 낚아챈 다음, 이 둘을 뿌리로 빨아 올린 물과 잘 섞어 그들의 밥인 탄수화물을 만들어냅니다. 식물학자들은 이 과정을 광합성이라고 부릅니다. 따라서 잎을 내지 않고 꽃을 먼저 피운다는 것은 단식을 하며 사랑을 나누는 것과 같습니다. 아직 잔설이 가시지 않은 3월의 숲에서 나는 생강나무의 샛노

생강나무꽃

이른 봄, 생강나무는 잎도 없이 꽃을 피운다.

모두가 꽃 피는 때에 함께 꽃을 피우면

제 작은 꽃송이 짝을 찾지 못할까 봐 잎도 내지 않고 꽃 먼저 피운다.

2막 성장하다

란 꽃들을 마주합니다. 황록색의 갸름한 어린 가지에 여러 송이가 마치 한 송이처럼 뭉치듯 매달려 꽃을 피우는데, 봄마다 나는 그 모습에 넋을 빼앗기고 맙니다. 흑백의 숲 사진에 점점이 샛노란 빛을 뿌려놓은 것 같습니다. 꽃 위로 햇살이 쏟아지는 순간에는 감격도 절정에 이르곤 합니다. 생강나무는 가지를 꺾으면 생강 향이 납니다. 그 향 또한 일품입니다. 녀석은 그래서 생강나무라는 이름을 얻었겠지요.

이 숲이 담고 있는 물이 모여서 흘러가는 곳에 가면 사이좋은 물오리나무 두 그루를 만날 수 있습니다. 마치 연인처럼 서로의 공간을 조심스레 피해가며 하늘로 자라고 있는 나무들입니다. 녀석들도 이른 봄에 잎보다 꽃을 먼저 피웁니다. 건넛마을 산에는 우리나라 특산식물로 귀한 대접을 받고 있는 미선나무가 자생하고 있습니다. 그들도 잎보다 먼저 순백의 하얀색 꽃을 눈부시게 피워냅니다. 아랫마을의 어느 집 모퉁이에 심어놓은 산수유나무 역시 생강나무꽃과 같은 색깔로 잎보다 꽃을 먼저 피웁니다. 히어리도 그렇고 풍년화도 그렇습니다.

그렇다면 이러한 나무들은 왜 굶어가면서까지 잎보다 먼저 꽃을 피우는 것일까요? 아마도 녹음이 우거진 숲이 그들에게는 치열한 경쟁으로 가득한 레드오션으로 느껴져서겠지요. 이미 우거진 숲에서 여느 나무들과는 달리 작고 여린 꽃을 피운다면 그들은 자신의 곤충 파트너를 만나지 못할 가능성이 큽니다. 곤충들은 더 진한 향기, 더 화려한 꽃에게 마음을 빼앗겨 이 가녀린 꽃들을 지나칠 확률이 클 수밖에 없습니다. 그렇게 되면 이들은 종자를 맺지 못한 채 슬픈 낙화를 겪어야 합니다. 이들은 자신들의 작고 여린 꽃이 지닌 외양적 약점을 껴안고 고민했을 것입니다. 수많은 시행착오를 거치며 숲의 외톨이가 되는 아픔을 단호히 거부할 수 있는 방법을 찾아냈을 것입니다. 즉 이른 봄에 다른 나무들보다 먼저 흑백의 숲에 꽃을 피움으로써 자신의 존재를 알리는 조기 개화를 선택했겠지요. 따라서 아직 모두가 잠들어 있는 시간, 숲속에 자신의 깃발을 가장 먼저 올리는 것으로 곤충의 사랑을 이끌어내는 이들의 개화는 가히 혁명적이지 않을 수 없습니다. 배고픔과 늦추위의 위험까지도 기꺼이 감수하고 자신의 꽃을 피워내는 이들의 혁명 정신이야말로 날로 치열해지는 이 사회에서 빽빽하게 들어선 잣나무 숲 아래에 놓인 우리가 주목해야 할 대목인지도 모릅니다.

이 숲의 오솔길을 따라 걷노라면 질경이와 생강나무를 비롯한, 수많은 혁명적인 생명들과 매일 마주합니다. 사람의 숲에서도 이따금 질경이나 생강나무를 닮은 사람들을 만나게 됩니다. 주류보다는 비주류의 길을 기꺼워하고, 타성을 쫓기보다는 차라리 창조적 진화를 선택하는 사람, 타인이 닦아놓은 길을 따르기보다는 스스로 길을 내는 사람, 그 대가인 외로움과 고난과 위험을 삶의 안주로 삼을 줄 아는 사람, 육신은 고달픔을 택할지언정 영혼은 결코 꺾지 않는 사람…… 나는 늘 그들의 삶 앞에 머리를 숙이게 됩니다.

숲의
성장

바위를 뚫고 자라는 나무

바람 세차게 불어가던 날
내 어미 나를 보내며 기도하셨으리라
너는 부디 그늘지지 않는 땅에 닿으라 하라

숲에서 일어나는 일은 모두 하늘의 뜻
커다란 바위, 한 줌 고인 흙 위에서 바람은 멈추었다
나도 멈추었다

빛은 찬란했으나 흙은 목마른 곳, 나를 붙잡은 바위 위에서 나는 울
었다
이끼가 부여잡는 물만이 내 목을 적시는 삶
나의 선택은 늘 사막처럼 가난했다

비바람에 넘어지지 않기 위해 키를 낮추었다
바위 위에 뿌리를 박기 위해 단 하루도 허리를 펴지 못하였다
바위를 뚫고 내 삶을 세웠을 때

신과 내 어미, 미소 지었다
나는 바위를 뚫고 자라는 나무다

나로서 산다는 것은 무엇인가 ?

나로서 산다는 것은 나다운 세계를 이루는 것이다. 온전히 나의 삶을 사는 것이다. 나로서 사는 이는 경쟁에 휘둘리지 않고 밥벌이로써의 일에 얽매여 자신의 길을 잃지 않는다. 나를 지키기 위해 돋우었던 가시도, 보호막으로 입었던 두터운 삶의 비늘도 하나하나 떠나보낸다. 이제 그는 부드럽고 온화하다.

나무로 치면 그것은 자기다운 수형을 다듬고 완성하는 것이다. 그것으로 나를 실현하는 것이다. 나의 삶을 사는 이는 자신의 삶에 대해 온전히 책임을 지려 한다. 더 이상 시류에 흔들리지 않는다. 아니, 흔들림이 없도록 자기 삶의 뿌리와 줄기와 가지를 부단히 점검하고 바로잡는다.

그는 자신과 타인을 속이는 것을 엄중히 경계한다. 나를 위해 타자를 착취하거나 기망하지 않는다. 오로지 스스로 서고자 한다. 그는 오직 그의 것인 꽃들만 피운다. 겨우 한 알의 씨앗, 가녀린 줄기였던 그가 이제 그를 닮은 꽃을 가득 피우는 한 그루 둥근 나무가 되는 것이다.

그것은 동시에 삶의 작동원리를 보다 깊숙이 이해하고 받아들이는 것이다. 모든 것은 흐르고 얽히고 섞이며 순환하는 것이라는 삶의 질서와 원리를 깨우치고 따르는 삶을 향한다. 나로서 사는 이는 나만을 위해 사는 삶을 넘어선다. 내가 이룬 삶의 성과들이 나와 가족을 넘어 공동체의 풍요에 기여하도록 노력한다. 하루하루의 경쟁과 혁명을 통해 단단해진 나의 삶이 다른 누군가의 삶을 고양할 수 있게 하는 것이다. 그것으로 마침내 나무는 숲의 풍요에, 사람은 세상의 넉넉함에 기여하는 삶을 사는 것이다.

나로서 산다는 것은 결국 저마다의 꼴에 이르러 스스로 저답게 사는 것이며, 세상의 흐름과 아름답게 교호하는 것이다.

3막

나로서 살다
나를 실현하는 삶

소통

꽃의 유혹?
지상에서 가장 아름다운 배려!

꽃은 모두 자기다운 빛깔로 피어난다.
그러면 이제 자연을 이루는 위대한 생명의 가족들이 그들 각자의 빛깔에 화답한다.
바람과 물과 나비와 벌과 나방과 새가 그들을 찾아들고
세상을 수만 갈래의 빛깔로 이어낸다.
그렇게 자연이 벌이는 소통이 끊이지 않아 이 별이 늘 푸르다.

꽃은 놀라운 언어를 가지고 있습니다. 어떤 꽃들은 바람에게 말을 걸고, 또 어떤 꽃들은 물과도 이야기를 나눕니다. 아주 많은 꽃들은 벌, 나비, 나방, 파리 같은 동물들과도 소통할 수 있습니다. 드물지만 어떤 꽃들은 새를 불러 자신의 소원을 말하고 새가 그 소원을 들어주면 보답을 합니다. 다양한 꽃이 피고 지는 숲은 온통 소통의 나날입니다. 소통하는 숲은 늘 향기로 그윽하고 아름다운 운율의 노랫가락으로 넘쳐납니다.

매년 3월이 오면 이 숲의 개암나무꽃들은 바람에게 말을 겁니다. 겨우내 모진 추위로부터 지켜낸 수꽃가루를 날려 보내기 위해서 개

개암나무꽃

봄바람을 타고 날아오른 개암나무의 수꽃가루는
저 작은 붉은색 암꽃에 앉아야 한다.
풍매화를 피우는 나무들은 바람을 기억하며 또한 기도한다.
바람이여, 불어주소서!

암나무는 바람을 기다립니다. 3월이면 그들의 곁을 거닐면서 기도 소리를 듣습니다. "바람이여, 불어주소서." 떠날 준비를 끝낸 수꽃 가루들의 기도가 나지막이 들리는듯합니다.

꼬리 모양을 한 꽃차례를 미상화서尾狀花序라고 하는데, 개암나무의 수꽃도 미상화서를 달고 피어납니다. 유전학자이자 환경운동 가인 데이비드 스즈키David Suzuki에 따르면 개암나무는 이 작은 꼬리 모양의 꽃 하나에 500만 개의 꽃가루를 담을 수 있습니다. 이들은 나무 한 그루에 수천 개의 미상화서 꽃을 만들어 엄청난 양의 정자를 준비해놓고 바람을 기다립니다. 이토록 많은 양의 수꽃가루를 만드는 이유는 당연히 수분受粉의 가능성을 높이기 위해서입니다.

즉, 바람을 기다리고 바람에게 말을 걸어 자신의 꽃가루를 날려 보내는 것은 곤충을 매개로 수분을 하는 것보다 수분 확률이 떨어지기 때문입니다.

이와 같이 바람과 소통하여 수분을 꾀하는 꽃들을 식물학자들은 풍매화風媒花로 분류합니다. 내가 보기에 대부분의 풍매화는 바람과의 소통법을 익힌 것 같습니다. 이들은 자신에게 어떤 바람이 맞는지를 알고 있습니다. 그들은 대부분 태풍이 부는 계절을 피해 꽃을 피웁니다. 태풍처럼 너무 센 바람은 수꽃가루가 암꽃을 만나 수분을 할 확률을 떨어뜨리기 때문입니다. 또한 그들은 주변 나무들의 '생장 욕망'이 자신들의 '번식 욕망'과 충돌하는 것을 피하는 방법도 익혔습니다. 그들은 다른 식물에게 잎이 없는 시기를 선택해서 꽃을 피웁니다. 풍매화가 태풍이 부는 계절을 피한 채 날아오르기에 적당한 바람이 불고 타자의 방해가 적은 때를 택해 꽃을 피운다는 사실은 놀랍습니다. 그들은 바람의 계절적 특징과 숲속 타자들의 생리를 어떻게 기억하는 것일까요? 어쩌면 그들은 바람과 소통하는 언어를 익힌 것이 아닐까요?

내가 사는 오두막에 달려 있는 풍경 소리는 3월에 특별히 분주합니다. 겨울 동안 바람이 불면 바특한 소리를 내며 흔들리던 풍경이 3월과 4월에는 은은하게 흔들리며 울어댑니다. 이때의 바람은 지나치게 거칠지도 않고, 너무 연약하지도 않습니다. 이 숲에서는 개암나무나 오리나무가 3월의 바람을 선택하여 꽃을 피웁니다. 3월의 바람은 이들에게 최적의 세기입니다. 이들의 수꽃은 수수합니다. 아마 많은 사람들은 이들의 꽃을 보고도 꽃이라고 생각하지 못할 것입니다. 이들의 꽃이 수수한 이유는 벌이나 나비를 부르기 위해 눈에 띄는 빛깔을 만들어낼 필요가 없기 때문입니다.

3월, 알맞은 봄바람이 이들의 꽃차례를 어루만지기 시작하면 꽃가루들은 바람을 타고 여행길에 오릅니다. 데이비드 스즈키의 증언처럼 어떤 개암나무의 꽃가루는 5,000미터에 달하는 높이까지도 날아오릅니다. 개중에는 5,000킬로미터나 되는 거리를 여행하는 녀석도 있습니다. 중국으로부터 바람에 밀려 우리나라까지 날아오는 황사를 생각해보면 그만한 거리를 날아가는 일은 결코 어렵지 않을 것입니다. 그 여행길에서 운이 좋은 몇몇 녀석들은 마침내 붉고 작고 앙증맞은 암꽃의 암술머리를 만나 수정을 이룰 것이고, 여름의 뜨거운 시간 속에서 9월의 열매로 익어갈 것입니다. 풍매화들은 모두 바람과 소통하여 길을 떠나지만 수정에 성공하는 것은 오로지 생명을 주관하는 누군가의 뜻에 따를 것입니다. 이렇듯 풍매화는 모두 바람의 세기를 헤아려 소통하고 그 흐름에 순응하며 번영을 꾀합니다.

그런가 하면, 다른 꽃들은 벌이나 나비, 혹은 나방류를 매개자로 수분을 꾀합니다. 이런 매개자를 수분 파트너로 삼는 꽃을 식물학자들은 충매화蟲媒花라고 부릅니다. 봄철부터 가을까지 형형색색의 꽃을 피우는 녀석들 대부분이 충매화입니다. 충매화는 친절합니다. 그들이 화려한 빛으로 꽃을 피워대는 것도 친절의 한 예입니다. 꽃이 화려한 이유는 자신의 수분을 도울 곤충들에게 자신이 어디 있

싸리나무꽃

산딸나무꽃

꽃은 어떻게든 자신을 드러내고자 한다.
꽃이 작은 싸리나무는 모여서 피우는 것으로,
꽃의 색이 보잘것없는 산딸나무는 잎의 색을
흰색으로 바꿔서 그것을 실현한다.

는지 그 위치를 알리기 위해서입니다. 수수한 풍매화와 달리 화려한 꽃을 피우는 식물들은 많은 에너지를 꽃을 만드는 일에 쏟아부어야 합니다. 조팝나무나 싸리나무처럼 작고 볼품없는 꽃들은 집단으로 꽃을 피워 자신을 알립니다. 꽃 색에 지나친 에너지를 투입하지 않는 경제적인 산딸나무는 일부 잎의 색깔을 하얗게 바꿔 잎을 꽃처럼 보이게 합니다. 6월은 초록의 시간, 주변이 모두 초록인 계절입니다. 이 계절에 산딸나무는 초록빛의 작은 꽃을 피워냅니다. 따라서 주변의 초록색에 자신의 꽃 색이 묻히게 됩니다. 이를 알고 있는 산딸나무는 잎을 흰색 꽃받침처럼 바꿔 자신의 빈약한 꽃을 더욱 돋보이게 합니다. 이 모두가 자신의 사랑을 실현해줄 매개자에게 자신을 더 분명하게 알림으로써 수분 확률을 높이기 위한 노력입니다.

꽃은 배려심이 많다. 수분을 이루기 위하여
매개 곤충을 배려하며 만들어낸 저들의
기작이 놀랍도록 정교하고 섬세하다.

　이런 노력에 화답하여 멀리 있는 매개자가 날아오기만 하면 꽃은
그들과의 소통에 대부분 성공할 수 있습니다. 많은 꽃들이 저마다
특별한 밀어를 나눌 수 있도록 준비가 되어 있기 때문입니다. 도심
에 흔한 등나무에서도 그런 예를 찾을 수 있습니다. 사람들은 도심
의 휴식 공간에 그늘을 만들기 위해 등나무를 많이 심습니다. 내가
도시에 살 때에는 햇빛이 좋은 5월이면 그곳에 들러 포도송이처럼
피어나는 연보라색 등꽃을 한참 동안 들여다보곤 했습니다. 호박벌
이 찾아와 붕붕 소리를 내며 등꽃에 기우뚱 착지하는 모습은 귀엽
고 재미있습니다. 등나무는 매개자의 안전한 착지를 돕기 위해 아
래쪽 꽃잎을 세워 발판을 만들었습니다. 아주 많은 꽃들이 매개자
의 착지에 도움이 되는 모양을 하고 있습니다. 작은 종을 엎어놓은
듯한 은방울꽃, 초롱불을 닮은 초롱꽃, 도라지꽃 등이 좋은 예입니
다. 한옥의 지붕 처마처럼 바깥으로 추켜올린 이들의 꽃잎은 사랑

의 전령사를 위한 착지대입니다. 여하튼 이 사랑의 전령사가 꿀을 향해 등꽃 속으로 파고들 때, 등꽃은 그의 무게를 이용해 아래쪽 꽃잎 속에 숨겨놓았던 수술을 잽싸게 내밀어 그의 몸에 꽃가루를 묻힙니다. 그가 다른 꽃으로 날아가 같은 절차를 밟아주면 등나무가 사랑을 이룰 확률은 아주 높아집니다. 매개자를 향한 친절은 여기서 그치지 않습니다. 많은 꽃들은 매개자에게 자신이 꿀을 어디에 보관하고 있는지를 유색의 선으로 표시해줍니다. 식물학자들은 이것을 허니 가이드honey guide라고 부릅니다. 콩과 식물 대부분이 그렇듯 등나무의 허니 가이드는 연한 노란색입니다. 매개자들은 이들의 가이드를 따라 꽃 안으로 파고들기만 하면 됩니다.

충매화는 매개 곤충에게 커다란 배려심도 보여줍니다. 많은 꽃들은 자신들의 매개자에게 먹이를 제공합니다. 아마 가장 흔한 먹이는 꿀일 것입니다. 또 대부분의 충매화는 매개자들을 위한 영양분도 만들어 제공합니다. 대부분의 풍매화가 전분 성분이 많은 꽃가루를 만들 때, 대부분의 충매화는 지질 성분이 많은 꽃가루를 생산합니다. 이 꽃가루들은 매개자들에게는 고농축 영양물질입니다. 이 영양가 높은 꽃가루를 모아 꿀벌들은 애벌레를 부양하고, 뒤영벌류는 벌집을 짓기도 합니다. 샤먼 앱트 러셀Sharman Apt Russell에 따르면, 어떤 매개자는 꽃이 준 영양분으로 자신을 천적으로부터 보호할 방어물질을 만들기도 합니다. 이렇듯 꽃은 자신의 에너지를 녹여 수분 도우미의 삶을 돕습니다. 매개자들이 있어야 자신도 번영할 수 있음을 꽃들도 이미 알고 있기 때문입니다.

병꽃나무꽃

병꽃나무의 꽃이나 인동덩굴의 꽃처럼 수정이
이루어진 뒤에는 색을 바꾸는 꽃들도 있다.
이 또한 매개 곤충의 수고를 덜어주기 위한 배려일 것이다.

수분 매개자를 위한 꽃들의 배려는 여기서 그치지 않습니다. 어떤 꽃들은 매개자들에게 안식처가 되어주기도 합니다. 샛노란 복수초꽃은 채 녹지 않은 눈 속에서 피어나 달력 사진에도 자주 등장합니다. 해를 쫓아 움직이는 복수초는 꽃 안쪽의 온도를 덥힘으로써 아직 얼어붙은 숲에서 수분 매개자들에게 화롯불 역할을 해줍니다. 어떤 꽃은 매개자가 새끼를 생산할 수 있는 공간이 되어주기도 합니다. 유카나방에게 알을 낳을 공간을 제공하는 유카꽃, 무화과말벌에게 같은 역할을 해주는 무화과꽃 등이 그렇습니다.

어떤 꽃들은 매개자의 수고를 줄여주기 위한 배려도 아끼지 않습니다. 어느 전임 대통령이 좋아한 것으로 유명한 인동의 꽃은 수분이 이루어지면 흰색에서 노란색으로 꽃 색을 바꿉니다(사람들은 노란색과 흰색의 꽃이 함께 피어 있는 모습을 보고 인동덩굴을 '금은화'라 부르기도 한다). 누리장나무나 병꽃나무 같은 녀석들도 수정이 이루어지면 꽃 색을 바꿉니다. '난 이미 결혼했어요'라고 신호를 보내는 것입니다. 일단 수분이 이루어지면 이내 시들거나 색깔을 바꾸어 매개 곤충의 헛수고를 예방해줍니다. 사람의 눈에는 뚜렷하게 보이지 않지만 그 밖의 꽃들도 수분이 이루어지면 매개자들이 다시 자신을 찾는 헛된 노력을 하지 않도록 신호를 보낼 것입니다. 댕강나무처럼 어떤 꽃들은 진하게 풍기던 냄새를 바꾸거나 아예 냄새를 만들지 않기도 합니다.

이렇게 대부분의 충매화는 대단한 배려심으로 매개자의 삶을 살찌웁니다. 하지만 어떤 충매화들은 매개자들을 속이거나 그들의 생명을 위협하기도 합니다. 파리지옥이나 사라세니아 같은 식충식물이 그 예입니다. 그들의 꽃은 덫과도 같습니다. 유혹에 빠진 곤충들이 자신의 꽃 속으로 들어오면 소화액으로 그들을 녹여 잡아먹습니다. 또한 천남성의 암꽃도 자신의 수분을 성사시켜준 동물매개자를 꽃 속에 가둬 굶겨 죽이는 것으로 알려져 있습니다. 천남성은 불염포佛焰苞라는 포로 덮인 꽃차례를 피웁니다. 이 불염포와 꽃차례를 이용해 천남성은 일단 매개자가 위쪽으로 꽃 속에 들어오면 다시 나가기 어렵게 합니다. 다행히 수꽃 아래쪽에는 탈출 구멍이 있어서 매개자는 위쪽으로 들어갔다가 수꽃가루를 묻힌 채 아래쪽으로 나올 수 있습니다. 매개자가 다시 암꽃을 찾았을 경우에는 사정이 달라집니다. 수꽃과 달리 암꽃에는 아래쪽에 탈출구가 없습니다. 꽃 위쪽으로 되돌아 나올 수 없는 구조이기 때문에 매개자는 수꽃에서 묻혀 온 꽃가루를 암꽃의 암술대에 묻혀주는 수고를 하고도 결국 꽃 속을 헤매다가 굶어 죽게 됩니다.

강혜순 교수의 《꽃의 제국》이란 책을 보니 지중해 지역에 사는 오프리스Ophrys 난초가 암벌의 모양과 흡사한 꽃을 피운다고 합니다. 녀석의 꽃은 수벌의 욕망을 자극할 만큼 정교한데, 암벌 모양의 무늬는 기본이고 심지어 털도 있으며 암벌의 냄새와 같은 향기도 뿜어낸다고 합니다. 속아 넘어간 수벌은 이 꽃과 짝짓기를 하려고 애를 쓰게 되고, 난초는 이 기만적인 작전으로 가루받이에 성공하게 됩니다.

물론 곤충 중에도 수분을 돕지 않고 꿀만 훔쳐 가는 녀석들도 있습니다. 다나카 하지메의 면밀한 관찰처럼 물봉선화나 매발톱꽃 같은 꽃의 꿀주머니를 턱으로 찢고 꿀만 훔쳐 가는 어리호박벌이 그러한 예입니다. 그러나 그의 말처럼 이러한 예는 드뭅니다. 꽃과 매개자 사이에 기만과 강탈의 일방적 소통이 많아진다면 그들은 공멸할 테니까요. 1억 4,000만 년 전 중생대 말기인 백악기부터 그들은 서로가 서로를 배려하는 소통으로 번성할 수 있었습니다. 그 관계가 깨지면 그들의 번영도 차츰 사라질 것이 자명합니다.

한편 자연에는 새와 소통하여 수분을 도모하는 꽃들도 있습니다. 석류나 명자나무, 그리고 동백꽃 등이 바로 그러한 예입니다. 새와 소통하는 이러한 꽃들을 식물학자들은 조매화鳥媒花라 부릅니다. 또한 검정말이나 붕어마름 같은 말류 식물은 물의 흐름과 소통

천남성

어떤 충매화들은 매개자를 속이거나 그들의 생명을 위협하기도 한다.

곤충 중에도 수분을 돕지 않고 꿀만 훔쳐 가는 녀석들이 있다.

그러나 이러한 예는 드물다.

서로가 서로를 배려하는 소통 관계가 번영의 비밀이기 때문이다.

하며 번식에 성공하기도 합니다. 그래서 이들은 수매화水媒花라 불립니다.

이렇게 보면 꽃은 참으로 놀라운 언어를 가지고 있습니다. 그들은 자신의 삶을 이어주는 데 도움을 주는 이웃 생명들에게 친절과 배려로 보답합니다. 이곳에 대략적으로 소개한 몇몇 사례 외에도 많은 꽃들이 놀랍고 아름다운 소통방식을 개발하여 유지해오고 있습니다.

우리의 언어는 식물의 언어와 다릅니다. 우리는 정교한 언어체계를 사용하고 매우 다양하고 강력한 통신수단도 가지고 있습니다. 내 국어사전은 3,000쪽이 넘습니다. 그 안에는 23만 개를 훌쩍 넘는 어휘가 담겨 있습니다. 인간의 언어는 이토록 많은 단어들로 이루어져 있습니다. 우리는 또한 전 세계 어디에서도 마음만 먹으면 즉시 통화할 수 있는 휴대전화를 소유하고 있습니다. 전화가 연결되어 있지 않은 숲의 산방에서조차 나는 무선 모뎀을 통해 인터넷에 로그인할 수 있습니다. 도로는 사통팔달 통하지 않는 곳이 없고 하늘길마저 원하는 방향을 향해 언제고 열려 있습니다.

하지만 이토록 정교한 언어체계와 교통통신수단을 가지고 있으면서도 우리의 세상은 점점 더 작은 섬들로 나뉜 채 고립되어가고 있습니다. 사람의 숲은 날이 가면 갈수록 점점 더 단절과 불통과 기만이 깊어지고 있습니다. 정치판은 정치판대로 불통인 세월을 잇고 있고, 부자는 빈자와 소통할 수 있는 언어를 잃어가고 있습니다. 도시는 시골과 이어지지 못하고, 마을은 마을과 통하지 못하고 있습니다. 개방과 연결보다는 단절과 고립의 철학을 반영한 아파트가 방방곡곡에 많이 지어져 이웃에 사는 이의 형편과 안부를 알지 못합니다. 고객을 대하는 친절 교육은 많아져 세련된 용모와 말씨는 넘쳐나는데 마음까지 녹이는 따스함은 사라지고 있습니다. 우리는 지금 도처가 불통인 시대를 살고 있습니다.

찰스 다윈은 "자연은 영구적인 자가수분을 혐오한다"고 했습니다. 자가수분을 회피하려는 노력이야말로 자연이 스스로를 지속하고 번영할 수 있는 아주 기본적인 원리라는 것을 그는 이미 오래전에 알아차린 것입니다. 이 시대 우리들의 소통 또한 그렇습니다. 부자와 빈자를 가로막는 소통, 지방과 도시를 흐르지 못하는 소통, 좌와 우가 넘어서지 못하는 벽, 남과 여, 집과 집을 막아서고 오로지 자신들의 영역에서만 이루어지는 소통은 마치 식물의 세계에서 벌어지는 자가수분과 같습니다. 자가수분이 유전적 다양성을 잃게 한다는 사실은 누구나 잘 알 것입니다. 유전적 다양성을 잃은 숲은 위험합니다. 어떤 변화나 위기가 찾아왔을 때 숲 전체가 한꺼번에 위기에 빠져들 수 있기 때문입니다. 자연에서는 한 종의 번영이 다른 종의 번영에 닿아 있고, 누군가의 멸망은 수많은 다른 누군가의 멸망으로 이어집니다. 자연은 서로 묶여 있습니다. 사람의 번영과 쇠락도 그와 다르지 않다는 점을 잊지 말아야 합니다.

사람이건 사회건 성숙한다는 것은 소통의 그릇이 커지는 것이기도 합니다.

그것은 마치 꽃들이 이어내는 세상과도 같아지는 것입니다. 꽃들

존재의 발견
숲에게 길을 묻다

을 보십시오. 꽃은 모두 자기다운 빛깔로 피어납니다. 그러면 이제 자연을 이루는 위대한 생명의 가족들이 그들 각자의 빛깔에 화답합니다. 바람과 물과 나비와 벌과 나방과 새들이 그들을 찾아들고 세상을 수만 갈래의 빛깔로 이어냅니다. 그렇게 자연이 벌이는 소통이 끊이지 않아 이 별이 늘 푸른 것입니다.

사랑

따로 또 같이,
사랑하려면 혼인목과 연리목처럼

사랑은 서로를 위해 각자의 욕망을 덜어내어 완성된다.
나도 있으면서 그도 있는 것이 사랑이다.
서로 다른 둘의 내가 만나 하나를 이루는 것이 사랑이다.

프레데리크 베그베데Frederic Beigbeder는 자신의 자전적 소설 《3년: 사랑의 유효기간》에서 이성 간에는 사랑의 유효기간이 3년을 넘지 않는다고 문제를 제기한 바 있습니다. 최근에는 뇌과학적 접근을 통해 사랑의 유효기간이 실로 3년을 넘지 않는다는 연구와 주장도 펼쳐지고 있습니다. 사랑에 빠진 사람의 가슴을 뛰게 하는 것은 뇌에서 분비되는 도파민이라는 천연 마약 성분인데, 이 성분의 효과가 3년을 넘지 않는다는 것입니다. 그래서 3년쯤 지나면 가슴 뛰는 설렘은 사라지고 사랑도 곧 시들해진다는 것입니다.

그의 이야기가 사실이든 아니든 오늘날 우리 곁에 이별이 늘어났다는 증거는 충분해 보입니다. 우리는 이별이 너무 쉽고, 또한 너무 많아진 시대를 살고 있습니다. 우리의 이별에는 저마다의 이유가 붙어 있습니다. 성격 차이로, 경제적인 문제로, 배우자의 부정으로, 또는 결혼으로 얽힌 다른 가족들과의 갈등으로…… 한때 사랑했던 사람들이 이렇듯 다양한 갈등과 고민을 마주하며 살고 있습니다. 이것을 넘지 못한 사랑들이 결국 이별의 길을 걷습니다.

이별은 지독한 상실입니다. 어쩌면 그것은 상실 중에 가장 큰 상실일 수 있습니다. 피할 수만 있다면 우리는 그러한 상실을 피해야 합니다. 그것을 피할 수 있는 지혜를 얻을 수만 있다면 우리는 마땅히 그 지혜 앞에 무릎을 꿇고 받아들여야 할 것입니다.

나무들은 어떨까요? 그들도 이별을 할까요? 여기 나무들이 나누는 사랑법이 있습니다. 특히 갈등과 고통과 해소의 지혜를 극적으로 보여주는 나무들의 사랑법이 있습니다.

숲에 사는 나무들은 옮겨 다닐 수가 없는 처지이니 별다른 사건이 없는 한 옆자리에 함께 자라는 나무와 평생을 살아야 합니다. 사람이 만나는 사랑이 인연이라면 그들이 만나는 사랑은 숙명입니다. 그들의 숙명은 수많은 문제를 담고 있습니다. 그중에서 가장 큰 문제는 하나의 공간을 서로 나누어야 한다는 데 있습니다. 빛이 쏟아지는 하늘을 나누고, 양분을 흡수할 땅을 나누고, 서로의 가지와 가지가 만나는 수직의 공간도 나눠야 합니다. 그래서 이동할 수 없는 존재인 나무가 옆의 나무들과 다차원적으로 공간을 나누며 해로하는 방법을 살펴보는 것은 흥미롭습니다.

대부분의 나무는 가지를 옆으로 벌린 채 햇빛을 쐬며 살아갑니다. 이는, 아마 긴 시간 동안 터득한, 광합성에 가장 효율적인 공간 활용법일 것입니다. 그러다 보니 때로는 옆 나무의 가지를 가리기도 하고 옆 나무의 가지와 직접 부딪히기도 합니다. 특히 좁은 공간을 나눠야 하는 나무들은 그 처지가 더욱 곤궁할 수밖에 없습니다.

오랜 징역살이를 하신 신영복 선생은 좁은 감방 안에서 동료 죄수와 살을 맞대고 보내는 여름에는 사람의 체온을 혐오하게 된다고 고백하신 바 있습니다. 감옥에서는 차라리 추운 겨울이 더 낫다고 하셨습니다. 좁은 감방의 여름은 체온 때문에 사람이 사람을 미워하는 살풍경을 빚어낸다고 했습니다. 그래서 서로의 체온으로 몸을 녹이며 잠드는 겨울밤이, 체온 때문에 서로를 미워하게 되는 여름밤보다는 차라리 인간적이라는 이야기입니다. 비좁은 공간을 나누며 사는 나무들을 볼 때마다 나는 몸을 움직일 수 있는 사람도 그러한데 평생 선 채로 부딪히며 사는 나무들은 얼마나 힘겨울까 생각해보게 됩니다.

하지만 숲에는 그 한계를 놀라운 관계로 승화하여 우리 인간들을 꾸짖는 나무들이 있습니다. 우선 연리목이라고 불리는 나무들이 좋은 예입니다.

연리목은 나무와 나무가 맞닿아 더 이상 비켜 설 곳이 없을 때 서로의 장벽인 껍질을 벗고 두 그루의 나무가 한 그루로 합일한 것을 일컫습니다. 이들은 단순히 붙어서 자라는 것이 아니라 각자의 나

연리지가 이루어낸 결합은 숭고한 사랑이다.

자신의 살을 내어주지 않고는 이룰 수 없는 결합이다.

살을 에는 아픔을 딛고 이룩한

이들의 사랑 아래 서면 나의 사랑은 늘 부끄럽다.

무껍질을 벗고 세포와 세포를 합치고 새로운 껍질을 만들어 마치 하나의 나무처럼 살아갑니다. 세분하여 가지와 가지가 합일한 나무를 연리지連理枝, 줄기와 줄기가 합일한 나무를 연리목連理木이라고 부릅니다.

연리목을 이루는 것도 쉬운 일은 아니지만 연리지가 되는 것은 연리목에 비해 대단히 어려운 일입니다. 왜 그럴까요? 바로 바람의 훼방 때문입니다. 가지와 가지가 맞닿아 하나로 합쳐지려 할 때 거센 바람이 불면, 줄기에 비해 가늘고 가벼운 가지는 속절없이 흔들릴 수밖에 없습니다. 무수한 흔들림 속에서 서로가 합쳐지는 것은 그만큼 어렵습니다. 그럼에도 불구하고 그 야속한 바람을 넘어서서 끝내 합일을 이루어낸 것이 바로 연리지의 사랑입니다. 깊은 사랑입니다.

그들의 깊은 사랑은 아픔을 거쳐 완성됩니다. 처음에는 서로 맞닿은 가지가 해마다 지름을 키우면서 서로의 접촉 부위를 심하게 압박할 것입니다. 서로는 점차 자신의 껍질을 벗게 되고 맨살을 맞대기에 이릅니다. 연리지나 연리목을 이루는 나무들은 모두 서로의 맨살 위로 새로운 살을 만들어 덮어야 합니다. 그러기 위해서 나무는 서로가 같은 종인지를 확인해야 합니다. 나무의 맨살에는 세포분열을 담당하는 형성층이라는 조직이 있는데 이들이 바로 서로를 깊이 확인하는 작업을 합니다. 그리고 서로가 같은 종의 나무임을 확인했을 때 비로소 합일을 모색합니다. 다른 종끼리는 이룰 수 없는 사랑입니다. 마침내 하나가 되면 그들은 세포를 연결한 채 물을 공급하고 빛을 나누며 살아갑니다.

이들의 사랑은 서로 자신의 살을 내어주지 않고는 절대 이루어질 수 없습니다. 두 그루의 나무가 한 그루로 합일한다는 것은 이렇게 살을 에는 아픔을 딛고 이룩하는 위대한 사랑입니다. 짧게는 몇 년, 길게는 수십, 수백 년을 거쳐 이루게 되는 완성입니다.

사랑을 완성한 이들은 이제 한쪽 나무의 아래가 잘려 나가도 다른 쪽 나무가 공급하는 영양분으로 삶을 지속할 수 있을 만큼 완전하게 하나로 결합합니다.

참으로 깊고 깊은 사랑입니다. 나는 옆 마을에 자리 잡고 있는 연리목을 보러 자주 갑니다. 그들의 사랑을 볼 때마다 '아, 이들이야말로 생명이 보여줄 수 있는 가장 고결한 사랑을 하는 것이 아닐까' 하고 생각하게 됩니다. 연리목은 우리에게 고결한 사랑이란 자신들처럼 하나가 되는 것이라고 말해주는 듯합니다. 합일을 통해 새로운 삶을 창조하는 것이야말로 가장 아름다운 사랑이라 말합니다. 둘을 합쳐 하나의 새로운 삶을 살아내는 것, 그것이야말로 사랑의 정수라 말하는듯합니다.

이렇듯 사랑이 아름답기 위해서는 때로 각자의 거죽을 벗어야 하는 때도 있습니다. 그리고 그 벗은 자리에 생기는 서로의 상처를 기꺼이 감싸 안을 수 있어야 합니다. 심지어 세포와 세포까지도 하나로 결합해야 하는 때가 있습니다. 나의 살을 내어주지 않고는 이루어질 수 없는 경지입니다. 우리가 연리목처럼 옆 사람을 참으로 사랑하고자 한다면 나의 몸과 마음을 열고 세포의 칸막이까지도 열어야 한다는 사실을 배우게 됩니다.

연리목의 사랑이 너무 귀하여 흔하지 않다면 혼인목의 사랑법은
조금 더 대중적입니다. 숲에 들어가 자주 하늘을 바라보는 사람이
라면 누구나 숲에 존재하는 수많은 혼인목들을 만날 수 있습니다.

혼인목이란 서로 같거나 다른 종류의 나무 두 그루가 한 공간에
서 자라면서 마치 한 그루의 나무처럼 모양을 만들어갈 때 그 한 쌍
의 나무에게 붙여주는 이름입니다. 이들은 좁은 공간에서 어울려
살기 위해 서로에게로 뻗는 가지를 떨어뜨리기도 하고, 필요할 때
는 빈 공간을 찾아 뻗어나가기도 하면서 마치 한 그루의 나무처럼
조화를 이룹니다. 연리목이 제 살을 내어주며 하나로 합일하는 사
랑이라면, 혼인목은 서로의 가지를 떨어뜨려 서로의 공간을 열어주
는 사랑입니다. 혼인목의 사랑은 옆의 나무로 향하는 날 선 가지를
떨어뜨리는 것에서 시작합니다. 360도로 돌아가며 뻗는 나뭇가지
중 그에게로 향한 모든 가지를 하나, 둘 떨어뜨리는 것으로 '그에게
그늘을 만들지 않으려는 사랑'입니다. 그가 허용한 공간으로만 나
의 가지를 뻗으며 마치 둘이 하나인 것처럼 나무의 모양을 완성하
는 사랑입니다.

혼인목의 사랑은 아름답습니다. 그들의 사랑은 서로를 위해 각자
의 욕망을 덜어내어 완성되는 사랑입니다. 나도 있고 그도 있는 사
랑입니다. 서로 다른 둘의 내가 만나 하나를 이루는 사랑입니다. 그
러기 위해서 있는 그대로 인연을 수용하는 사랑입니다. 그와 나의

두 그루 말채나무가 마치 한 그루처럼 조화롭게 살고 있다.

혼인목이 보여주는 사랑은

나도 있으면서

그도 있는 사랑이다.

서로 다른 둘의 내가 만나

하나를 이루는 그들의 사랑법, 아름답다.

3막 나로서 살다

만남을 우주의 섭리로 받아들이고, 나도 그도 제각각 욕망의 덩어리임을 인정한 채 불편한 공간을 극복해가는 사랑입니다. 나를 위해 뻗은 소중한 가지의 일부를 떨어뜨리는 사랑입니다. 그녀 또는 그에게 그늘이 될 수 있는 나의 가지를 부단히 거두어들이는 사랑입니다. 상대를 누르려는 내 가지의 영양분을 차단하고 더 이상 자라지 못하게 하는 성찰과 노력이 함께함으로써 이루는 사랑입니다.

그리하여 서로에게로 향하는 날카로운 주장을 거두고 평화의 공간을 쌓아가는 것입니다. 그곳으로 바람과 새와 나비가 날 수 있도록 공간을 여는 것입니다. 그리하여 마침내 두 그루의 나무가 한 그루의 수형으로 완성되는 것입니다. 따로이면서 함께 자라는 꿈을 이루어가는 것입니다. 이 모든 것이 오랜 시간 서로를 바라보는 과정 없이는 이룰 수 없는 사랑입니다. 순간순간 불편함을 겪으며 긴 시간을 함께하지 않고는 이룰 수 없는 경지입니다.

이 숲에 살고 있는 혼인목과 옆 마을의 자랑거리인 연리목은 이 시대의 사랑을 닮지 않았습니다. 모두 내 어머니와 아버지의 사랑을 닮았습니다. 그분들은 사랑의 유효기간이 무엇이고 그것이 몇 년인지도 모른 채 60여 년 가까운 세월을 함께 살고 계십니다. 참빗 한 개와 수저 두 벌, 단칸 초가로 혼인을 치른 인연이지만 그분들의 영혼은 평생 가난하지 않았습니다. 가난을 이기기 위해 두 분 모두 고단했으나 서로를 원망하지는 않았습니다. 오히려 가난의 불편을 극복하기 위해 함께 애쓰는 삶을 선택했습니다. 사는 게 너무 힘들어 고비가 없지 않았으나 그때마다 서로를 더 깊이 아는 기회로 삼았습니다. 그분들에게 갈등은 서로의 차이를 인정하고 상대의 영역을 존중해가는 과정의 하나였습니다. 부부의 본질이 각자이면서 또한 하나인 것에 있음을 평생 희로애락을 함께하며 몸과 마음으로 익혀오셨습니다.

이 숲에는 옛날에도 지금도 혼인목과 연리목의 사랑이 크고 있습니다. 우리 사람의 숲에도 그들의 사랑을 닮은 시류가 조금씩 복원되어갔으면 좋겠습니다.

자식

품 안에 둘 것인가?
멀리 떠나보낼 것인가?

자연은 자신의 새끼나 씨앗을 발아래 두려 하지 않는다.
자식이 스스로 서고 스스로 선택하며 살아가도록
가르치지 못하는 부모의 사랑이
어찌 참다운 사랑이라 할 수 있을까?

희미해진 기억이지만, 언젠가 대통령 선거에 출마했던 어느 유력한 후보가 자식의 병역 문제가 결정적인 이유가 되어 낙마한 적이 있었습니다. 자식이 석연치 않은 이유로 군대에 가지 않았는데, 아버지가 힘을 써서 아들의 병역 의무를 면제시킨 것이라는 의혹이 일었기 때문입니다. 또 어떤 이들은 종종 장관 임명을 위한 국회 인사청문회에서 자식에게 재산을 불법 상속한 문제로 곤욕을 치르기도 합니다. 그들은 끝까지 모든 사실을 부인합니다. 그러다가 사태가 심각해지면 한결같이 "자식에 대한 사랑이 지나쳐서……"라는 말로 국민에게 사과하고 이해를 구합니다.

내게도 자식이 있지만 대부분의 부모는 자식 앞에서 한없이 약해지고 애틋해지기 마련입니다. 자식이 조금 더 잘 살 수 있기를 바라는 것이 모든 부모의 마음이고 사랑일 것입니다. 그래서 우리는 더 많은 것을 주려 하고, 더 좋은 환경을 만들어주려 합니다. 심지어 학생인 아이의 과제를 대신해주는 부모도 있고, 결혼한 자식이 부실하게 먹을까 봐 수시로 반찬을 나르는 어머니도 있습니다. 그 옛날 '살림을 난다'는 표현이 담고 있는 '어른이 되어 온전히 자신의 삶을 살아간다'는 뜻은 퇴색한 지 오래입니다.

할 수 있어 해주는데 그것이 무슨 문제냐고 반문하는 이들도 있을 것입니다. 그러나 그것은 분명히 '문제'입니다. 작게는 모든 생명이 생명으로서 지니고 있는, 스스로 개척하고 이루며 사는 자립의 원리를 무너뜨리는 것이자, 그 재미를 빼앗는 것입니다. 또한 변화하는 환경 속에서 어려움과 맞닥뜨렸을 때 스스로 문제를 해결해가는 사회적 적응력을 약화시킬 것입니다. 그리고 이렇게 약화된 적응력이 대를 이어 재생산될 수 있습니다. 더 나아가 자식들에게 지나친 재산과 기회를 구축하여 상속해주고, 이것이 반복된다면 그렇지 못한 환경에서 자란 자식들은 구조적인 불평등 속에서 삶을 시작함으로써 사회적 갈등을 낳을 것입니다. 성년이 된 자식이 그 삶을 더 안락하게 시작하도록 배려하고 싶은 것이 모든 부모의 마음이지만, 도가 지나칠 경우 부모의 삶이나 자식의 삶이나 불행할 수밖에 없습니다.

숲에 사는 생명들은 이런 어리석은 행동을 허용하지 않습니다. 여기 감동적인 한 편의 사례가 있습니다.

지난해에 섬진강 변에서 '큰오색딱따구리'를 50일간 관찰한 사진과 기록, 그리고 이야기를 담아 펴낸 김성호 교수의 책, 《큰오색딱따구리의 육아일기》를 감명 깊게 읽었습니다. 무릇 부모가 자식을 어떻게 사랑해야 하는가를 주인공인 부부새를 통해 느끼게 해준 가슴 뭉클한 책이었습니다. 큰오색딱따구리 부부가 새끼를 낳기 위해 둥지를 짓는 것을 알게 된 저자가 50일간 그곳을 찾아가 그들의 생태를 시간대별로 상세히 기록하고 있습니다. 이 책은 제목 그대로 새끼를 낳고 키우는 큰오색딱따구리 부부의 육아일기와도 같습니다. 큰오색딱따구리 한 쌍이 짝을 짓고, 알을 낳아 기르고, 새끼를 떠나보내기까지의 아름답고도 애틋한 사랑이 담겨 있습니다. 그 훌륭한 기록과 묘사를 제대로 요약하여 옮기기에는 턱없이 부족하지만 아직까지 이토록 자세히 큰오색딱따구리의 생태를 기록하고 묘사한 자료가 없으니 이 글의 주제와 관련한 부분을 중심으로 여기에 담아봅니다.

아직 나무의 새순이 움트지 않은 이른 봄, 큰오색딱따구리 한 쌍이 사랑에 빠집니다. 이들 부부는 천적을 피해 밤마다 깃드는 잠자리가 있지만, 새끼를 키울 둥지를 따로 만듭니다. 이들은 매일 새벽 숲 언저리의 미루나무로 찾아와 저녁이 될 때까지 새끼를 위한 둥지를 짓습니다. 이들은 교대로 둥지를 만듭니다. 새벽에는 아내가 먼저 노동을 시작하고 낮에는 부부가 교대로 일을 하다가 저녁에는 남편이 노동을 마무리 짓습니다. 관찰 이틀째, 드디어 부부의 아름다운 짝짓기 의식을 보게 됩니다. 각자의 생식기가 상대에게 더 깊

오색딱따구리 ⓒ최흥수

오색딱따구리가 나무를 쪼아대는 소리는
언제 들어도 청량하다. 그들이 없는 겨울 숲은 더욱 적막하다.
많은 숲에서 그들이 사라지고 있다.
그렇게 만들고 있는 생명은 도대체 누구인가?

이 닿을 수 있도록 나뭇가지 위에서 열정적으로 사랑을 나누는 장면은 매우 인상적이고 아름답습니다.

저자의 설명을 보면 이들 부부가 이날의 짝짓기 이전이나 이후에도 몇 차례 더 짝짓기 의식을 가졌을 것으로 추정할 수 있습니다. 왜냐하면 새들은 '생식기 사이의 완전한 결합'으로 사랑을 나누는 구조가 아니라 생식기를 서로 '접촉하는 과정'으로 정자를 방출하고 받아들이는 짝짓기를 하기 때문입니다. 따라서 수정 가능성을 높이기 위해 새들은 쌍을 이룬 후 자주 짝짓기를 한다고 합니다.

열흘 정도 걸려 새끼를 키울 집을 완성했습니다. 며칠간의 인테리어 공사로 둥지 내부를 아늑하게 꾸민 후 드디어 아내가 알을 낳습니다. 낮에는 남편과 아내가 번갈아가며 알을 품습니다. 밤에는 남편이 알이 있는 둥지를 지키고 아내는 본래 잠을 자던 둥지로 돌아갑니다. 밤이 주는 위험을 남편이 감수하는 것입니다. 알을 낳은 다음 날 이들은 다시 짝짓기를 합니다. 이는 아주 특별한 점입니다. 왜냐하면 단순히 임신만을 목적으로 짝짓기를 하는 대부분의 동물들과 달리, 이들은 신뢰와 소통을 위해서도 사랑을 나누기 때문입니다.

알을 낳으면 새의 가슴털이 동그랗게 빠집니다. 혈관이 집중되어 있는 가슴을 드러냄으로써 더 따뜻한 체온으로 알을 품기 위해서입니다. 이렇게 깃털이 빠진 부분을 포란반抱卵斑이라고 부릅니다. 포란반은 자식을 알에서 깨어나게 하기 위한 부모의 지극한 사랑입니다. 자신의 털을 뽑아 자식을 품는 부모의 사랑이 참으로 감동적입니다.

부모의 감동적인 사랑을 받은 알이 드디어 깨어납니다. 알을 품은 지 13일째, 큰오색딱따구리 부부의 새 생명이 부화한 것입니다. 부부는 이제 쉼 없이 자식들에게 먹이를 물어다 먹입니다. 이들 부부는 어린 자식을 부양하기 위해 번갈아가면서 먹이를 물어 옵니다. 육아를 분담하는 습성은 이들의 유전자에 깊숙이 각인되어 있는 것 같습니다. 어린 새끼들에게 먹이를 줄 때도 이들은 공평합니다. 방금 전에 먹은 녀석이 또다시 둥지 밖으로 고개를 내밀고 먹이를 달라고 해도 부모새는 먹이를 먹지 못한 다른 새끼가 고개를 내

밀 때까지 먹이를 주지 않고 옆 가지에 앉아 기다립니다. 새끼들의 경우 먹이를 교대로 받아먹는 것은 "엄마 아빠에게서 물려받은 귀한 재산"이 될 것입니다. 즉 번갈아 먹이를 먹는 습성을 배움으로써 새끼들은 질서를 철저히 몸에 익히게 되고 어른이 되어서도 이를 지켜나갈 것입니다.

모든 자식은 언젠가는 부모의 곁을 떠나야 합니다. 이것은 모든 생명체를 관통하는 공통된 법칙입니다. 그래서 부모는 그날을 엄격하게 준비합니다. 이제 큰오색딱따구리 부부도 자식들과의 이별을 준비합니다. 책 속에 상세히 묘사된 이들의 이별 준비는 애틋하면서도 냉정하고 또한 단호합니다.

부모새는 우선 먹이를 주는 횟수를 줄입니다. 주로 딱정벌레의 애벌레를 잡아 15분 간격으로 둥지를 찾던 부모새는 새끼들이 자라 이별의 시간이 가까워올수록 먹이를 주는 간격을 점점 늦추기 시작합니다. 그리고 새끼들을 조금씩 집 밖으로 유인합니다. 둥지 안에서 주던 먹이를 이제는 둥지 바깥으로 유인해서 주는 것입니다. 이렇게 부모새들은 새끼새들에게 새로운 세계를 가르칩니다. 엄마 아빠가 나무에 공들여 파놓은 둥지가 아니라, 집 밖의 푸른 숲과 파란 창공 어딘가에 새끼들의 삶이 있다는 것을 가르치는 것입니다. 그들은 새끼들에게 둥지 밖의 세상을 보게 하는 동시에 한 번도 스스로 펴보지 않았던 날개를 펼치도록 본능을 자극합니다.

또한 부모는 홀로서기를 가르칩니다. 산란 이후 33일 동안 자신의 가슴털을 뽑아가면서까지 체온을 나누어왔던 새끼들에게 더 이상 체온을 나눠주지 않습니다. 같은 기간 내내 새끼들의 둥지에서 밤을 지켜왔던 아빠새는 이별을 준비하는 순간부터 더 이상 새끼들의 둥지에 머물지 않습니다. 홀로 밤을 지내는 법을 새끼들에게 가르치기 위해서입니다. 모정母情 또한 단호합니다. 먹이를 주는 횟수가 줄어 배가 고픈 새끼에게 어미는 먹이를 줄 듯 가지에 앉아 있다가 먹이를 주지 않고 그냥 자신의 입에 문 채 멀리 날아가버립니다. 어미는 그렇게 스스로 날아 먹이를 잡아야 한다는 점을 새끼들에게 마지막으로 가르칩니다. 어미가 먹이를 주지 않고 날아가자 이윽고 새끼 한 마리가 자신의 날개를 펴고 둥지를 떠납니다. 이것으로 새끼는 자신의 길 위에 서게 됩니다. 둥지를 떠나는 순간 저 푸른 하늘은 그의 것이 되고, 언젠가는 폭풍우가 치고 눈이 쏟아지는 하늘도 그의 것이 되겠지요. 어느 창공에서 만날 맹금류와의 조우도 그가 헤쳐가야 할 위험일 것입니다. 언젠가 설레는 사랑을 만나 짝을 이루고, 새끼를 낳아 기르고, 그 새끼를 떠나보내는 일도 이제 그가 홀로 겪어내야 할 기쁨이고 보람이고 애틋함이 될 것입니다.

자식에게 제 길을 가도록 엄격하고 냉정하게 홀로서기를 가르쳤던 부모의 마음은 이별의 애틋함으로 가득 차 있습니다. 어느 순간 친절을 거두고 자식에게 점점 더 엄격해져간 부모의 마음이 실은 얼마나 깊은 애정이요, 인내였는지를, 새끼가 떠난 뒤 둥지를 찾은 아빠새를 통해 알 수 있었습니다. 마지막 새끼가 떠난 줄도 모른 채 먹이를 물고 둥지로 돌아온 아빠새는 남아 있던 막내가 이미 떠난 것을 확인합니다. 아빠새는 몇 시간 동안이나 나무 전체를 더듬으며 새끼가 아직 나무 근처에 있지는 않은지 찾습니다. 마침내 새끼의 둥지를 떠나 숲으로 사라지는 아빠새의 입에는 아직도 마지막으로 전해주고자 했던 먹이가 그대로 물려 있습니다. 결국 이 대목에서 나는 눈시울이 붉어지고 말았습니다.

《큰오색딱따구리의 육아일기》에 담긴 김성호 교수의 관찰과 기록은 감동적인 실화입니다. 나는 이 새들이 자식을 낳고 기르고 떠나보내는 이야기를 통해 이 시대 우리가 자식을 대하고 사랑하는 방법에 대해 다시 생각해보게 되었습니다. 이 부부새의 자식 사랑이 보여주는 가장 큰 교훈은 무엇일까요? 그것은 부모가 자식에게 주어야 할 가장 큰 가치는 바로 '자식이 스스로 살 수 있도록 안내하는 것'이 아닐까 합니다.

큰오색딱따구리 부부도 우리와 크게 다르지 않습니다. 그들은 힘겨운 노동을 마다하지 않고 자식들을 기를 집을 손수 짓습니다. 그들은 채광과 바람의 방향, 그리고 맹금류의 위험으로부터 안전할 수 있는 여러 공간적인 요소들을 고려하여 새끼를 위한 둥지를 정교하게 짓습니다. 우리 또한 자식들을 위한 공간에 정성을 다합니다. 알에서 새끼들이 깨어날 수 있도록 그들은 자신의 깃털을 뽑아 포란반을 만들고 알을 품습니다. 알을 깨고 나와 엄마 아빠의 품을 그리워하는 새끼들을 정성껏 품고 먹이도 날라줍니다. 우리 또한 자식을 위해 온갖 정성을 다합니다.

하지만 큰오색딱따구리의 자식 사랑은 이 시대의 우리와는 다른 모습도 지니고 있습니다. 그들은 자식에게 홀로서기를 가르칩니다.

단풍나무 열매

모든 초목이 우리의 스승이다.
단풍나무 열매 하나에도 번영을 위한 삶의 지혜가 깃들어 있다.
그들의 씨앗에는 오로지 자연의
힘만으로 번영을 이룰 수 있는 지혜가 있다.

그것도 엄격하게. 그들은 새끼가 새로운 세상과 마주할 수 있도록
냉정하게 이별을 준비합니다. 둥지 밖의 세상을 보여주고 심지어는
더 이상 먹이를 주지 않음으로써 새끼 스스로 둥지를 떠나게 합니
다. 결국 새끼가 홀로 삶을 개척해야 한다는 사실을 그들은 잘 알고
있는 것입니다.

초목들의 자식 사랑도 그러합니다. 그들도 모두 자식을 더 멀리
떠나보내기 위해 부단히 애를 씁니다. 단풍나무는 열매에 프로펠러
모양의 날개를 달아 더 멀리 떠나보내려 하고, 소나무는 그 씨앗이
발아래에 떨어질 위험을 피하려 합니다. 그들은 비가 오면 솔방울
을 오므립니다. 비에 젖으면 자신의 씨앗이 멀리 갈 수 없다는 것을

존재의 발견
숲에게 길을 묻다

알기 때문입니다. 그들은 맑은 날 햇살이 좋을 때 다시 솔방울을 벌립니다. 이때 적당한 바람이 불어주면 솔방울의 씨앗은 떠날 수 있게 됩니다. 솔방울 하나에도 자신의 자식을 더 멀리 보내기 위한 고민이 담겨 있습니다.

실개천 옆 고마리는 물길에 실어 자식을 멀리 떠나보내려 합니다. 한편 늦가을과 겨우내 숲을 오가노라면 슬쩍 스치기만 해도 몸에 달라붙는 씨앗들이 있습니다. 도깨비바늘, 도꼬마리, 도둑놈의 갈고리, 진득찰 같은 녀석들입니다. 이들은 열매에 가시나 갈고리, 털이나 끈끈이 등을 달고 있어서 동물이 지나칠 때 그들의 몸을 빌려 멀리 이동할 수 있습니다. 모두 자식을 멀리 보내려는 엄마 식물의 배려입니다.

또 어떤 식물은 동물의 먹이가 되면서까지 자식을 먼 곳으로 보내기도 합니다. 이를테면 새, 다람쥐, 쥐같이 겨울 식량을 준비하는 동물들의 먹이가 되어주는 식물이 그렇습니다. 이런 동물들은 여러 곳에 식량창고를 만들어 열매를 저장하는데, 어쩌다가 숨겨놓은 먹이를 찾지 못하는 경우도 있을 것입니다. 이때 발견되지 않은 열매들이 발아하여 제 삶을 시작하게 됩니다. 가을이면 떨어지는 수많은 밤과 도토리, 그리고 호두 같은 열매들이 그 예입니다.

이렇듯 자연은 자신의 새끼나 씨앗을 발아래 두려 하지 않습니다. 품에서 떠나보내지 못한 새끼는 무서운 맹수나 맹금류를 피하는 법을 터득하지 못해 위태로울 것이고, 부모의 발아래에서 발아한 씨앗은 결국 부모의 그늘에 살면서 부모와 햇빛을 나누고 양

도꼬마리 열매

도깨비바늘

녀석들은 숲을 누비는 동물이 있어왔음을
오래전부터 알았다.
그들의 몸을 빌려 자식을 더 멀리
떠나보내는 방법을 번영의 지혜로 익혔다.

분을 다퉈야 하기 때문입니다. 그러니 자식이 스스로 서고 스스로
선택하도록 가르치지 못하는 부모의 사랑이 어찌 참다운 사랑이
겠습니까?

숲은 비료를 필요로 하지 않습니다. 비료를 주지 않아도 숲은 날
로 깊어가는 법을 압니다. 굳이 날갯짓을 배우지 않아도 새가 스스
로 창공을 가르며 날아오를 수 있듯이 자연의 모든 생명은 이미 그
안에 스스로 자라고 익어가는 법을 품고 있습니다.

존재의 발견
숲에게 길을 묻다

식물의 방식으로 일할 수 없다면 참된 일이 아니다

일

시간은 분절적分節的이지 않고 연속적이다.
그러나 생명의 시간 속에는 다양한 국면이 존재한다.
어떤 때는 오로지 '자라는 일'이 중요하다. 이 시간은 생장해야 할 때다.
하지만 어떤 때는 '더불어 깊어지는 일'이 중요하다. 이 시간은 성숙해야 할 때다.

생명은 모두 일을 하면서 살아가도록 태어납니다. 사람도 대개는 부모의 품을 떠나면 스스로를 영위하기 위해 일을 가져야 합니다. 대부분 우리는 성인이 되면 스스로 밥벌이를 하고 배우자를 만나 결혼을 하고 아이를 낳아 가정을 꾸립니다. 자기 일을 시작하고 또 그 속에서 몇 번의 어려움과 막막함을 만나고 스스로 그 난관들을 헤쳐가면서 부모의 품이 얼마나 너른 곳이었던가, 얼마나 따스한 곳이었던가를 알아가게 됩니다. 더 이상 부모로부터 재정적 지원을 받지 않는 나이가 되면 우리는 일을 통해 스스로의 삶을 개척해나가야 합니다.

억세게 운이 좋은 극소수의 사람들을 제외하고, 거의 모든 사람에게 일은 곧 밥입니다. 밥을 굶게 될 수도 있다는 사실은 누구에게나 아주 큰 두려움입니다. 굶주리며 자유로울 수 있는 사람은 없기에 오늘날 점점 더 불안정해지는 고용시장에서 일자리를 얻지 못하거나 잃을 수도 있다는 생각은 누구에게나 가슴 한편을 짓누르는 공포로 자리합니다. 이 공포는, 마치 나무의 몸뚱이를 파고드는 버섯과도 같이 무섭습니다. 몸뚱이에서 버섯이 피기 시작하면 나무는 많은 것을 잃게 됩니다. 물과 영양분의 공급선이 파괴되기 시작합니다. 꽃을 피우며 한때 아름다웠던 이 가지와 푸른 잎을 단 채 햇빛에도 당당했던 저 가지가 시들고 부러집니다. 더 이상 나무는 예전과 같은 수세樹勢를 유지할 수 없습니다. 몇몇 가지를 넘어 줄기에까지 버섯이 피기 시작하면 위험은 더욱 커집니다. 이러다가 이듬해에는 단 하나의 가지에서도 잎을 피우지 못할 수도 있습니다. 따라서 오늘도 우리는 이 두려움을 껴안고 나와 내 가족을 부양하기 위해 이른 시간에 집을 나섭니다.

이런 의미에서 시시포스의 신화는 아직도 우리 사회에 벌겋게 살아 숨 쉬고 있습니다. 우리는 우리에게 형벌처럼 부여된 '밥벌이의 의무'라는 돌덩이를 매일같이 언덕을 향해 밀어 올립니다. 돌덩이는 밀어 올리고, 또 밀어 올려도 끝없이 언덕 아래로 굴러떨어집니다. 이 가혹한 신화는 누구에게는 '밥벌이의 지겨움'으로, 다른 누구에게는 '굶주림에 대한 두려움'으로 살아 있습니다.

나무들 또한 마찬가지입니다. 그들도 떡잎을 내는 순간부터 죽을 때까지 평생 일을 하며 살아갑니다. 다른 나무들과 함께 햇빛과

나무에 피는 버섯은 공포다.

버섯은 그 나무에게

삶이 다했음을

알려주는 메신저 역할을 한다.

양분을 나누면서 자신을 지켜내기 위해 해가 떠 있는 한, 나무들은 치열하게 일을 하며 살아갑니다. 이 숲에 사는 나무 한 그루의 삶을 들여다보겠습니다.

　이곳은 6월의 푸른 숲, 나는 참나무다. 참나무 중에서도 갈참나무다. 가을이 되었을 때 참나무들 중 가장 예쁜 단풍을 만든다고, 옛사람들이 '가을 참나무'라 불렀는데, 그 이름이 줄어 '갈참나무'가 되었다. 올해로 나는 이곳에서 20년째 살고 있다. 언제부턴가 바람도 쉬이 나를 흔들지 못한다. 그렇게 쉽사리 외풍에 꺾이지 않을 만큼 자랐으나 아직도 나는 부지런히 가지를 뻗어야 한다. 오래전부터 내 앞에 서 있는 키 큰 소나무의 그늘과 내 옆에 서 있는 산벚나무의 그늘에서 벗어나야 하기 때문이다. 봄부터 많은 가지와 잎을 내고 나의 키를 키워야 한다. 우리 같은 나무에게 그늘은 곧 궁핍으로 연결되기 때문이다. 게으름은 나의 삶을 위협한다. 앞과 옆에 먼저 자리 잡은 저 소나무와 산벚나무의 나뭇갓이 만드는 그늘은 내가 일용할 양식을 구하는 데 방해가 되기 때문이다. 따라서 나는 봄부터 가을까지 부지런해야 하고 또 치열해야 한다.

　나는 나무의 숙명을 안고 태어난 '나무'다. 나무의 숙명은 스스로 움직일 수 없다는 것. 따라서 주어진 자리에서 다른 나무들과 하늘을 다투며 살아가야 한다. 그렇기 때문에 생겨난 이 조밀한 그늘의 땅에 나의 존재 기반을 구축하기 위해서, 그리고 하루하루 먹고 살기 위해서 일하고 있다. 그러니 내게 햇살은 항상 그리움이다. 내가 밥을 만들고 나를 키워낼 수 있는 원천이 바로 저 햇살이기 때문이다. 나의 하늘을 덮은 더 큰 나뭇갓 틈새로 들어오는 적은 양의 빛을 챙기면서 나는 20년을 성장해왔다. 바람이 불어 저들 큰 나무들의 가지가 흔들릴 때면 햇살은 내게도 관대했다. 그 순간 스며드는 빛을 조금이라도 더 챙기는 것이 내게는 중요했다. 어릴 때 나는 나의 잎을 비정상적일 정도로 크게 키우며 살아야 했다. 위에 자리 잡은 소나무는 내가 있는 아래로는 햇빛을 20퍼센트도 보내지 않기 때문에, 그 적은 양의 빛을 조금이라도 더 붙들기 위해 잎의 면적을 넓게 만들었던 것이다. 예나 지금이나 이웃 소나무와 산벚나무 틈새로 쏟아지는 빛은 내가 마음껏 차지할 수 있는 여백이다. 나는 주로 그 여백을 향해 가지를 뻗고 잎을 키웠다. 지금 이렇게 휘어진 내 줄기와 가지들의 모습은 모두 빛을 쫓으며 일해온 내 삶의 소중한 기록들이다. 먹고살고, 또한 존재할 수 있는 터전을 확보하기 위해 쉼 없이 일해온 날들의 기억이 결국 현재의 내 모습(수형)을 만들었다.

그러나 나는 알고 있다. 모든 생명의 모습이 다 그렇듯이 지금의 내 모습이 미래의 모습은 아니라는 것을. 저 마을 어귀에 서 있는 느티나무처럼, 쏟아지는 태양과 시원한 바람을 마음껏 누릴 수 있는 하늘을 완벽하게 얻는 순간 나는 자유롭고 부드러워질 것이다. 가지들을 점점 더 둥글게 재편하며 나는 두터워질 것이다. 뽑아 올린 모든 가지와 잎들이 매일 동에서 서로 행진하는 햇빛을 고루 받을 수 있도록 나는 둥근 모양의 수형으로 바꾸어갈 것이다. 그동안 오로지 나를 키우는 일에 급급해서 불허해왔던 수많은 다른 생명들의 욕망을 받아들이는 일을 시작할 것이다.

그날이 오면 내 잎의 아랫면에서는 더 많은 애벌레들이 나의 노고를 먹고 자랄 것이다. 가지와 가지 사이로 바람은 자유롭고, 새들 또한 내 가지 위에 기대어 하루의 고단함을 녹일 것이다. 봄에는 더 실하고 기다란 수꽃차례를 땅을 향해 드리울 테고, 연두색 암꽃차례는 하늘을 향해 피어날 것이다. 가을이면 다람쥐와 청설모와 어치들이 나를 찾고, 나의 삶이 녹아든 도토리 열매에 그들의 겨울을 기댈 것이다. 그중 몇몇은 어디에선가 새로운 삶으로 태어나 나의 대를 이을 것이고 그렇게 숲은 다시 치열해지고 깊어지는 일을 반복할 것이다.

스무 살의 오늘, 나의 하루가 감당하는 일은 밥벌이를 넘지 못하는 것처럼 보일 것이다. 그러나 저 하늘에 나의 가지와 잎을 위한 나의 공간을 제대로 여는 순간 나의 일과 삶은 새로운 곳을 향할 것이다. 그때가 오더라도 나는 매일 일과 함께 살 것이다. 더 높아지고 굵어지고 길어진 가지의 끝까지 물과 양분이 통하도록 내 뿌리와 잎이 감당해야 하는 노동은 쉽지 않을 것이다. 하지만 나의 일은 이제 나만이 아닌 숲 전체의 평형에도 깊이 쓰일 것이다. 그날의 나는 오늘의 내가 아닐 것이요, 그날의 일은 오늘의 일이 아닐 것이다. 나무인 나는 그것을 안다.

일을 형벌로 느끼는 사람들 중 많은 수가 경제적 자유를 꿈꿉니다. 경제적 자유란 일을 하지 않고도 충분한 수입이 확보되고 유지

존재의 발견
숲에게 길을 묻다

될 수 있는 상태를 말합니다. 한때 로버트 기요사키가 쓴《부자 아빠 가난한 아빠》라는 책 시리즈는 이 땅의 수많은 성인들에게 경제적 자유를 이룬 부자 부모의 꿈을 꾸게 했습니다. 하루라도 빨리 '밥벌이의 지겨움'과 '실직의 두려움'을 넘어서고 책 속의 '부자 아빠'처럼 경제적 자유를 누리는 사람이 되라고 자극했습니다. 이때부터 아주 많은 사람들이 일로부터 자유롭고 오직 투자만으로 질 높은 삶을 유지할 수 있기를 바라게 되었습니다.

밥벌이의 지겨움과 실직의 두려움 사이를 오가는 샐러리맨들에게 '경제적 자유'라는 말은 달콤하고 매력적이며 환상적입니다. 그것은 일터의 노예로 살지 않아도 된다는 의미이며, 언젠가 자신을 자를 수도 있는 고용주와 조직의 칼날을 더 이상 두려워하지 않아도 된다는 의미이기 때문입니다. 경제적 자유의 개념을 얻어듣고 그 의미를 이해한 많은 샐러리맨들은 이제 '밥벌이로서의 일'을 뛰어넘고 싶어 합니다. 밥벌이로서의 일을 통해 확보한 수입의 일부를 잘 모아서 '종잣돈'을 만들고, 다시 이 종잣돈을 잘 굴리고 굴려서 마침내 지속적으로 수입을 벌어다 주는 시스템을 구축하고 싶어 합니다. 경제적 자유로 가기 위한 가교로 부동산 투자가 가장 대중적이고 쉬운 방법이었을까요? 대한민국의 부동산 투자(?) 열풍은 이미 광풍의 수준에 도달한 지 오래입니다. 블루칩 아파트를 사들이기 위해 온갖 지혜(?)를 모으고, 경매의 실전 기술을 익혀 적절히 활용하고, 유망하다는 국내외 펀드에 기웃거리고 직접 주식에 투자하는 사람들이 넘쳐났습니다.

상수리나무꽃

각종 참나무가 맺는 열매, 도토리를 기억하는 사람은 많다.
그러나 그들 모두가 피우는 꽃을 기억하는 사람은 많지 않다.
참나무의 일종인 상수리나무가 피우는 꽃도 저토록 아름답다.

　자신의 일과 노동으로부터 구원을 받을 수 없는 사회에 대한 불
안감은 이렇게 새로운 흐름을 낳고 그 흐름을 강화하고 있습니다.
어찌 이를 나쁘거나 잘못되었다고 하겠습니까? 빛이 거의 보이지
않는 숲에서 자라는 갈참나무도 자신의 하늘을 열기 위해 줄기를
휘고 구부려가며 애를 쓰는데, 마음만 먹으면 이리저리 움직일 수
있는 사람이야 말해 무엇 하겠습니까?

　그러나 그렇게 광풍에 빠져 있는 사람들이 명심해야 할 가장 중
요한 사실은 그런 꿈이 대개는 허망한 욕망으로 끝난다는 점입니
다. 왜냐하면 그것이 자본 흐름의 속성이기 때문입니다. 뒤에서 다
시 언급하겠지만, 누군가의 이익을 내 쪽으로 더 많이 끌어당기지
않고는 부자가 될 수 없는 것이 자본주의 사회의 속성입니다. 그 이

익을 더 많이 끌어당기는 쪽보다, 더 많이 내어주는 쪽에 훨씬 더 많은 사람이 서 있을 수밖에 없는 것이 바로 우리 사회의 시스템입니다.

일이 구원이기 위해서는 스스로 자신의 일을 선택할 수 있어야 합니다. 스스로 선택하는 그 일이 당장의 밥벌이나 생계에 치우친다면 결코 일로부터 구원을 얻을 수 없습니다. 마흔을 앞두고 나는 나를 구원할 수 있는 일을 찾아 삶을 바꾸었습니다. 도시를 떠나 자연에 들어가 살겠다는 결심을 실행한 것입니다.

일찍이 도시를 떠나기 전에 내게 일이 어떤 의미인지 정리해본 적이 있습니다. 이때 나는 자신의 일과 노동으로부터 구원을 받는다는 것은 더 이상 밥벌이를 위해 영혼을 팔지 않는 것임을 알게 되었습니다. 그 깨달음이 어떻게 내 안으로 들어왔는지는 설명하기 어렵습니다. 어쩌면 그것은 우연한 '울림' 같은 것이었는지도 모릅니다. 나는 그 울림을 따르기로 하고 도시를 떠났습니다. 나는 그때의 결심을 이렇게 적어놓았습니다.

나는 이제 나답게 살 것이다. 나답게 산다는 것은 어떤 삶인가?

그것은 돈이나 출세 때문에 비굴해짐이 없는, 자존과 자립으로 가득한 삶. 나의 편리를 도모하자고 타인의 이익을 빼앗지 않는, 죄 짓지 않는 삶. 숨 막히는 도심에 갇힌, 자연에 대한 그리움을 마음 놓고 채울 수 있는 고삐 풀린 삶. 모색하고 싶으면 싶은 대로, 그만두고 싶으면 싶은 대로, 그렇게 가슴이 시키는 대로 창조의 자유를 벅차게 누리는 삶. 그리하여, 마침내 마음이 두어 뼘 더 자유롭고 평화로워지는 삶. 이 모든 것으로 조금 더 아름다운 세상을 이루는 데 기여할 수 있는 삶. 내가 나답게 산다는 것은 바로 이러한 삶이다. 내가 내 삶의 주인으로 살아가는 삶이다.

이 결심에 녹아 있듯이 일과 노동으로부터 구원받기 위해서는 내가 그 일의 주인이 되어야 합니다. 그러기 위해서는 그 일로 자립할 수 있어야 하고 자존을 지킬 수 있어야 합니다. 또한 타인의 이익을 빼앗아 나를 살찌우려는 비열함도 버릴 수 있어야 합니다. 아울러 일에서 창조의 기쁨을 얻어낼 수 있을 때 더 흥겨울 것입니다. 나아가 세상의 아름다운 진보에 기여할 수 있다면 내가 사람이라는 생명체로 이 별을 거쳐갈 수 있는 축복과 은혜를 받은 것에도 어느 정도 보답할 수 있겠지요.

다시 말하지만 생명 모두는 일을 하며 살도록 운명 지어졌습니다. 우리 또한 매일같이 일을 하며 살도록 태어났습니다. 누군가에게는 그 일이 시시포스의 형벌과도 같을 것이고, 다른 누군가에게는 자기를 실현할 수 있는 징검다리와도 같을 것입니다. 분명한 것은 나로서 살고자 하는 사람에게 진정한 일이란 '그 자체로서 자신의 목적이 될 수 있을 만큼 가치 있는 활동'이어야 한다는 점입니다.

지금 일을 구하고 있거나 이미 일을 구한 그대에게도 일이 구원이기를 바랍니다. 그 일을 통해 스스로의 생계를 유지할 수 있고,

또한 자기에 대한 오롯한 존중감이 확보되기를 바랍니다. 다른 이들이 일을 통해 받는 보상의 액수와 그대의 그것을 비교하며 작아지지 않기를 바랍니다.

'그 자체로서 자신의 목적이 될 수 있는 가치 있는 일'을 찾고 그 길을 걷는 사람에게 당장은 적은 보상이 주어질 수도 있으나, 그것은 충분히 견딜 수 있는 문제입니다. 스스로를 믿는다면 몇 년간의 가난과 충분히 동거할 수 있습니다. 일을 통해 보상받고 그것으로 소비하고, 다시 소비하기 위해 일을 하고 다시 소비하는, 이 사회가 길들여놓은 노동의 반복 고리를 끊어내기만 하면 그것은 충분히 견딜 수 있는 문제입니다. 자립과 창의로 가득한 자기만의 세계와 마주한다면 그대에게는 더 이상 시시포스의 신화 따위가 안겨주는 슬픔은 없을 것입니다. 부디 그런 날을 만들고 만날 수 있기를 기도합니다.

스무 살, 이 숲의 갈참나무는 오늘도 그날을 향해 일하며 자라고 있습니다.

휴식

결실을 위한
에너지와 창조의 힘

나무들의 노동과 휴식은 깨달은 이들의 모습을 꼭 닮았다.
미래를 걱정하여 밤을 지새우지도 않고,
과거에 대한 회한으로 불면하지도 않으며,
부질없는 욕망에 휘둘려 늦은 밤을 배회하지도 않는다.
오직 순간에 순간을 더하여 지금에 충실할 뿐이다.

이곳 오두막에서 지내는 나의 하루는 철저히 해의 길이를 따릅니다. 해가 뜨면 하루의 삶이 열리고 해가 지면 하루의 삶이 닫힙니다. 그것은 마치 나무들의 하루와 같습니다. 낮은 노동과 창조의 시간이고 밤은 휴식의 시간입니다.

날이 밝으면 깨어나 숲과 들을 둘러보고 끼니를 먹는 것으로 하루를 엽니다. 낮이면 곡식을 돌보거나 집을 고치거나 정리할 곳에 손길을 줍니다. 숲속을 거닐며 수많은 생명을 만나고 살피고 생각하고 기록하는 일도 중요한 일과입니다. 때로 땔감을 줍고 장작을 패는 일도 중요합니다. 이는, 궂은 날과 추운 날에 대한 대비이기도 하고 운동이기도 합니다. 약간의 시간을 떼어 읽고 쓰는 작업도 지속합니다. 더러 이 숲을 찾아오는 이들이 있으면 나는 기쁜 마음으로 숲을 통해 삶을 조명해보는 강의를 합니다. 밥벌이를 넘어 내가 좋아하는 일이기 때문입니다. 나에게 하루는 노동으로 열리고 창조의 수고로 지나가야 합니다. 그래서 나의 낮은 수고롭고 고단하지만 또한 즐거움이 빠지지 않습니다.

해가 지려 하면 나는 하루를 닫기 위해 분주해집니다. 널었던 빨래를 걷고 함께 사는 풍산개 '산'과 '바다'에게 먹이를 줍니다. 나도 하루의 마지막 끼니를 지어 먹습니다. 이제 하나, 둘, 하늘에 별이 뜨고, 나는 나의 모든 노동에 자장가를 불러줍니다. 그러고 나면 짧게라도 세상의 소식을 살피게 됩니다. 당도한 편지에 답장을 쓰기도 하고 궁금한 이에게 안부 편지를 보내기도 합니다. 얼마 지나지 않아 숲은 하늘이 온통 별들의 세상으로 바뀌는 시간을 맞습니다. 내게는 잠을 청할 시간입니다. 마디게 읽는 책 한 권을 펼쳐놓고 엎드려 읽다 보면 저절로 잠이 옵니다. 꿈도 꾸지 않는 깊은 휴식과 만나게 됩니다. 그래서 나의 밤은 적막하지만 달콤합니다.

도시의 삶은 이와 다릅니다. 도시의 새벽은 자동화된 기상 시스템으로 열립니다. 많은 이들이 아마 자명종에 의해 피곤을 누르고 깨어날 것입니다. 후다닥 출근을 서두르는 아침은 성급하고 소란하고 부대낍니다. 출근길은 지하철도, 버스도, 승용차도 어느 것 하나 만만한 게 없습니다. 끼니를 먹는 즐거움을 누려야 하는 점심시간도 우르르 쏟아져 나오는 사람들로 번잡한 식당에서는 짜증이 나기만 합니다. 퇴근과 함께 밤을 맞이하지만 도시는 여전히 불야성입

해가 뜨면 숲은 분주해진다.
일출에서 일몰까지 숲의 낮은
온갖 생명들의
노동과 창조로 가득하다.

니다. 밤이면 도처가 낮과는 다른 욕망들로 불을 밝힙니다. 해가 뜨고 지는 것을 알아채던 우리의 자연적 감각은 그곳에서 저절로 기능을 상실하고 맙니다. 온전한 휴식은 꿈도 꾸기 어렵습니다. 가족 모두가 둘러앉아 말을 건네고 서로를 위무할 시간을 갖는 것도 쉽지 않습니다.

자연에 오기 전에 나 또한 비슷한 도시인이었습니다. 내게도 도시는 도무지 휴식을 모르게 하는 공간이었습니다. 빈한하면 빈한한 대로 고달프고, 풍요로우면 풍요로운 대로 고달프기 쉬운 곳이 그곳이었습니다. 오늘날 도시에서 우리의 삶은 쉼표를 만들기가 참 어렵습니다.

시대가 변했으니 모두가 자연에 들어 살 수는 없습니다. 성장의 욕망이 그득한 청년기에는 더더욱 그렇습니다. 어쩌면 성장과 편리의 욕망만이 가득 들어찬 이들은 오히려 그토록 정신없고 고단한 도시가 자신들에게 더 잘 맞는다고 느낄 수도 있습니다. 그러나 삶이 성장의 욕망을 넘어 성숙을 향해 나아가는 지점을 통과하면 우리는 이 쉽지 않은 고달픔의 양태를 보다 적극적으로 재편하고 개선해야 합니다. 비록 자연의 흐름을 따르기 어려운 도시에 산다 할지라도 삶을 점검하고 돌이켜 날마다 새로운 하루를 세워야 합니다. 세속에 휘둘리지 않고 나답게 성숙하고 싶다면 하루를 잘 눕히고 보듬어야 합니다. 그것으로 하루하루의 노동이 더욱 자기다워져야 하고 창조적이어야 합니다. 성숙한 삶을 꿈꾸는 이들이라면 나무처럼 일하고 나무처럼 쉴 수 있어야 합니다.

도시에서 살 때 자귀나무와 회화나무를 보면서 나도 그들처럼 일하고 그들처럼 휴식해야겠다는 생각을 했었습니다. 그들처럼 자연의 흐름에 내 일상을 맞출 수 있으면 좋겠다는 생각을 한 적이 많았습니다. 이 두 나무야말로 낮은 낮에 철저하고 밤은 밤에 철저한 나무들의 모습을 잘 드러내주기 때문입니다.

　회화나무는 학자나무라고도 합니다. 옛사람들은 회화나무를 집안에 심으면 뛰어난 학자가 난다고 믿었습니다. 훌륭한 학자에 대한 염원이 얼마나 컸던지, 양반들은 이사를 갈 때도 이 나무의 씨앗을 꼭 챙겼다고 합니다. 또한 조선시대에는 선비 집안이나 권세가만이 이 나무를 심을 수 있었고, 천민이나 농민들은 심지 못했다고 합니다. 서양인들도 이 나무를 'Scholar Tree'라고 부르는 것을 보면, 동서양 사람들 모두 회화나무가 품은 독특한 기품에서 고고한 학자의 이미지를 떠올린 것 같습니다. 여하튼 회화나무의 잎은 아까시나무의 잎과 비슷한데, 해가 지면 이 나무는 대칭으로 펼쳐져 있는 각각의 작은 잎들을 마치 한 장의 잎처럼 서로 마주 보고 접습니다. 또한 비가 오거나 아주 흐린 날에도 회화나무는 잎을 접습니다.

　한편, 자귀나무도 잎을 접는 나무입니다. 회화나무가 학자의 나무로 사랑받았다면, 자귀나무는 사랑의 나무로 사랑받았습니다. 사람들은 마당에 자귀나무를 심으면 금실이 좋아진다고 믿었습니다. 그래서 옛날 아낙들 중에는 남편과의 깊은 사랑을 기원하며 마당에 자귀나무를 심는 이들이 많았습니다. 낮 동안 자귀나무는 그 잎을

자귀나무 ⓒ최흥수

해가 지면 대부분의 식물이
그들의 노동을 멈춘다.
개중에는 회화나무나 자귀나무처럼
잎마저 접고 휴식에 드는 나무도 있다.

활짝 펼치고 있다가 밤이 오면 그 다닥다닥한 작은 잎들을 서로 합치듯 겹칩니다. 회화나무와 마찬가지로 비가 오거나 아주 흐린 날에도 잎을 접습니다. 사람들은 겹쳐지는 잎의 모양을 보고, 마치 부부가 다정하게 사랑을 나누는 것과 같다고 생각했습니다. 그래서 얻은 이 나무의 별명이 합혼수合婚樹이기도 하고 유정수有情樹이기도 합니다.

이쯤에서 한 가지 궁금한 점이 생깁니다. 이들은 왜 해가 있는 낮에는 잎을 펴고 있다가, 해가 지거나 비가 오는 날에는 잎사귀를 접는 것일까요? 바로 팽압膨壓의 변화 때문입니다. 즉 낮에 광합성을 하기 위해 물을 끌어올리고 잎을 펼쳤다가 밤이 되어 호흡에 집중

하게 되면 물을 끌어올리는 힘이 사라지거나 약해지므로 잎을 팽팽하게 지탱하던 압력이 줄어든다는 것입니다. 똑 부러지는 설명이지만, 재미는 없습니다. 내가 보기에 이러한 모습은 이 사연 깊은 나무들이 '노동과 휴식에 철저함'을 극적으로 증명해주는 것에 지나지 않습니다.

나무들의 노동은 인간의 노동만큼 치열합니다. 그들은 매일매일 노동에 철저함으로써 자신의 세상을 창조해갑니다. 해가 뜨면 이곳에서 나의 눈이 저절로 떠지듯, 잎의 세포들도 자동적으로 노동을 향한 기지개를 켭니다. 땅속뿌리로부터 시작한 물은 줄기와 가지를 타고 오르기 시작합니다. 잎의 구석구석으로 연결된 잎맥을 타고 물은 마침내 햇살을 맞이합니다. 그것으로 그들은 하루의 노동을 시작하고, 자신의 키를 키우고, 매일매일 자라서 자신의 하늘을 엽니다.

세상에서 가장 오래 살고, 가장 키가 크고, 가장 몸집이 큰 생명이 무엇일까요? 나무입니다. 미국에는 6,200년의 세월을 살다가 몇십 년 전에 떠난 나무가 있습니다. 또 약 120여 미터의 높이까지 키를 키우는 나무도 있습니다. 아파트 3층 높이를 넘는 11미터 길이의 지름을 형성하고, 무게가 무려 2,000톤에 달하는 3,000여 살의 나무도 있습니다. 이렇듯 나무는 생명들 중에서 가장 유구하고 높고 커다랗습니다. 이 장대한 나무들도 매일 그 가지 끝까지 물을 끌어올리고 빛을 버무려 밥을 만드는 노동을 하며 살아갑니다. 이들의 삶은 대단함을 넘어 신령함을 느끼게 합니다. 우리는 그들이 그토록 장대한 삶을 이어온 것이 오직 치열한 노동만으로 가능하지 않았음을 기억해야 합니다. 그들은 또한 휴식에 철저함으로써 하루를 닫았고 또 다른 하루를 창조할 수 있었습니다.

해가 지면 거의 모든 나무들이 노동을 닫고 휴식에 들어갑니다. 팽팽하게 끌어올렸던 물줄기의 행진을 풀어 내리고 꼿꼿하게 세웠던 잎의 긴장도 편안한 이완으로 빠져듭니다. 그들은 자신의 가지에 새를 재우며 별도 만나고 달도 만납니다. 잎을 접는 자귀나무와 회화나무는 휴식에 드는 모든 나무들의 모습을 매우 극적으로 보여주는 하나의 사례일 뿐입니다. 날이 어두워지거나 비가 오는 날, 소나무의 잎을 자세히 들여다보면 소나무도 잎을 가지런히 접고 휴식에 들어가는 것을 알 수 있습니다. 무엇이든 세차게 타고 오르는 칡덩굴조차 비슷한 방식으로 휴식에 들어갑니다. 햇살이 들면 그들은 다시 잎을 활짝 펴고 노동을 시작합니다. 다른 나무의 경우 휴식에 들어간 나뭇잎들의 변화가 워낙 미세하여 우리 눈에 잘 띄지 않을 뿐입니다.

이렇듯 대부분의 나무가 노동과 휴식을 철저히 자연의 흐름에 맞춤으로써, 지구상에서 가장 유구하고 장대한 생명으로 살아가고 있습니다. 이러한 모습은 흔히 우리가 말하는 깨달은 자들의 삶을 닮았습니다. 나의 눈에 이것은 철저하게 '지금'을 살아가는 지혜를 익힌 자들의 모습으로 보입니다. 미래를 걱정하여 밤을 지새우지도 않고, 과거에 대한 회한으로 불면지도 않으며, 부질없는 욕망에 휘둘려 밤을 배회하지도 않습니다. 오직 순간에 순간을 더하여 지

소나무 잎의 휴식

비가 오는 날, 소나무 잎을 자세히 보자.

그들도 잎을 모으고 휴식에 든다.

어쩌면 나무들이 오래 사는 이유가 그들의 휴식에 있는지도 모른다.

자연의 흐름을 따르는 삶 속에 있는지도 모른다.

금에 충실할 뿐입니다.

선인장처럼 사막을 견디는 다육식물多肉植物, succulent을 CAM식물군이라고 부릅니다. CAM식물은 이 숲의 식물들이 낮에 이산화탄소를 흡수하고 빛과 물을 버무려 광합성을 하는 것과는 달리, 밤에 이산화탄소를 흡수하여 저장했다가 낮에 빛을 버무려 밥을 만듭니다. 그들은 밤에도 노동을 하고 낮에도 노동을 합니다. 이들이 밤낮없이 노동을 하는 이유는 사막이라는 척박함 속에서 살아남기 위해서입니다. 이산화탄소를 흡수하기 위해 낮에 기공을 열면 공기가 너무 뜨거워 도리어 자기 몸의 수분을 잃게 됩니다.

많은 사람들은 경제적인 자유가 있어야 마음 놓고 쉴 수 있다고 믿습니다. 그러나 그것은 잘못된 생각입니다. 미래를 위해 편히 잠들 수 없고 노동을 닫지 못하는 것은 우리의 삶을 스스로 사막 위에 놓는 것과 같습니다. 실패에 대한 두려움과 뒤처짐에 대한 불안을 모래더미처럼 쌓아 스스로 사막 위에 서는 것과 같습니다. 우리는 우리의 삶을 사막 위에 세워서는 안 됩니다. 자신의 삶을 성숙한 삶으로 이끌려는 사람은 스스로의 삶이 사막이 되지 않도록 재편하고 다듬어야 합니다. 노동과 휴식을 잘 구분하고, 순간순간 그것에 철저해짐으로써 나의 삶을 깨우고 내 주변과 훈훈함을 나누어야 합니다.

우리의 도시에는 욕망이 넘쳐납니다. 많은 이들이 그 과도한 욕망을 이루지 못할까 두려워하고 불안해하며 고단한 CAM식물의 삶을 따르고 있습니다. 이렇게 되면 그의 영혼이 모래알을 닮고, 가정

존재의 발견
숲에게 길을 묻다

도 사막의 모래더미에 묻히기 쉽습니다. 우리의 가정은 지나친 욕망과 노동의 제물이 되어서는 안 됩니다. 휴식은 자기를 들여다보는 시간이고 내 가까운 인연들과 삶을 나누는 시간입니다. 그것은 또한 사랑을 나누는 시간이기도 합니다. 해가 지면 휴식과 사랑이 시작되는 자귀나무처럼 우리의 삶에도 휴식과 사랑을 위한 시간이 안배되어야 합니다. 그렇게 날개를 접고 쉬고, 또 나누는 시간을 통해 휴식은 에너지가 되고 창조의 힘이 된다는 것을 경험하고 익혀야 합니다. 그러기 위해 기꺼이 부질없는 욕망과 맞서 싸워야 합니다. 이곳의 내가 해가 지면 하루의 노동을 닫아버리듯이 어려움이 많은 도시라지만 삶을 재편함으로써 시간을 정해야 합니다. 스스로와 만나고 가족과 만나고 소중한 사람과 만나는 시간을 확고히 정하고 그것을 지켜내야만 합니다. 일에 있어 자유로울 수 없는 현대인에게는 휴식이야말로 삶에 새로운 가치와 차원을 더할 수 있는 시간입니다. 나아가 그것은 스스로의 삶에 자율성을 더할 수 있는 시간입니다. 그 시간이야말로 우리의 삶을 통합하여 풍부하게 해줍니다.

나는 종종 사막에 사는 선인장을 떠올려봅니다. 그와 같은 CAM 식물의 삶이 얼마나 팍팍한 것인지를 생각하곤 합니다.

마당에서 어느 부부의 금실을 책임지고 있는 자귀나무를 떠올려보기도 합니다. 그 방식 속에 향기로운 삶이 있음을 생각합니다.

상생

홀로 숲을 이룰 수 있는
나무는 없다

어디서건 서 있는 나무들을 보라.
홀로 살지 않는 나무가 없다.
그러나 더 자세히 보라. 주변과 함께,
그리고 그것들 때문에 존재하지 않는 나무가 없다.
숲의 모두는 그렇게 산다. 홀로이되 홀로이지 않은 삶.

지구상에 인간만큼이나 큰 영향력을 가진 생명은
없습니다. 화석에 근거한 연구에 따르면 지금의 인류는 대략 20만
년 전에 출현했습니다. 아마 초기의 현대 인류는 수많은 대형 포유
류를 두려워하며 살았을 것입니다. 그러나 불, 무기, 협업 등 인간
만이 발전시켜온 놀라운 능력들은 그들을 모두 인간 앞에서 사라지
게 했습니다.

인간이 두려워할만한 거대한 생명체는 이제 대부분 사라졌습니
다. 이 숲에도 1 대 1로 맞대면해서 가장 두려운 동물을 꼽으라면
멧돼지 정도입니다. 호랑이에게 물려 간 남편을 찾아 산으로 갔다
가 역시 죽음을 맞았다는 여인을 기리는 아랫마을의 열녀비는 이제

더 이상 재생산될 수 없는 전설의 비석이 되었습니다. 백두대간의 한 자락을 바라보고 서 있는 숲이지만, 이 숲에는 더 이상 호랑이도 곰도 늑대도 없습니다. 표범이 저 맞은편 숲을 지나 한반도를 누볐을 것이라는 사실을 아는 이들도 이제는 없습니다. 그렇게 숲을 호령했던 종만이 사라진 것은 아닙니다. 이 땅에서도, 전 세계적으로도 수많은 생물 종이 매일 사라져가고 있습니다.

물론 지구상에서 종이 소멸하는 현상은 계속 있었습니다. 과학자 리처드 리키Richard Leakey에 따르면 19세기까지 약 3억 년간 대략 4년마다 하나의 종이 소멸했다고 합니다. 100년에 평균 25종이 사라지는 것이 정상적인 소멸 속도라는 것입니다.

문제는 이 속도가 지난 100년 사이에 상상을 초월할 정도로 빨라졌다는 것입니다. 연구자들은 지난 100년간 지구에서 사라진 종의 숫자가 인류가 지구상에 처음 등장했을 때 존재했던 종의 25퍼센트에 달한다고 지적합니다. 처음 인류가 만났던 생물 종 중 4분의 1이 사라진 것입니다. 우리가 한 살 한 살 나이를 더할 때마다 지구에서는 대략 1만 7,000종에서 10만 종의 생명이 사라지는 셈입니다.

생명의 가파른 소멸에 가장 큰 영향력을 미치는 종은 인간입니다.

UN과 세계은행의 지원을 받는 국제농업연구자문단의 분석에 따르면 시계의 초침이 한 바퀴 돌 때마다 약 7만 3,000평의 열대우림이 사라진다고 합니다. 내가 살고 있는 이 커다란 숲의 크기와 같은 규모의 숲이 1분마다 사라지는 것입니다. 이 숲을 보통의 걸음으로 대충 한 바퀴 산책하는 데만 한 시간이 걸립니다. 이 숲을 한 바퀴 산책하는 사이에 이 숲만 한 규모의 숲이 무려 60개나 잘려 나가는 것입니다. 이 속도대로라면 내 아이가 살아 있는 동안 지구에서는 더 이상 열대우림을 볼 수 없게 됩니다. 왜 이토록 무자비한 산림파괴가 일어날까요? 세계은행은 빈곤과 인구과잉을 주범으로 지목합니다. 열대우림의 가난한 사람들은 그곳의 나무들을 베어내고 불을 질러서 농경지와 목초지를 만듭니다. 미국에서 사육되는 소에게 먹일 풀을 키워 수출하기 위해서입니다. 그렇게 열대우림의 파괴를 먹고 자란 미국산 쇠고기는 다시 세계로 수출됩니다. 열대우림은 지구의 허파입니다. 우리의 들숨으로 들어오는 산소 중에는 열대우림의 나무들이 내뱉은 날숨이 섞여 있습니다. 규격화되어 대량으로 생산되는 미국산 쇠고기를 먹을 때마다 우리는 끔찍하게도 이 별의 허파를 조금씩 베어 먹는 셈입니다.

더 빠르게 목적지에 도착하고 싶어 하는 인간의 욕망은 자동차를 탄생시켰습니다. 차가 많아지면서 더 넓은, 그리고 더 많은 도로가 필요하게 되었습니다. 그래서 인간은 산허리를 자르고 굴을 파면서까지 곧은길을 내기 시작했습니다. 그 결과 더 많은 생태계가 섬처럼 잘려 나가 조각을 이루게 되었습니다. 잘려 나간 이쪽과 저쪽을 오가며 삶을 누리던 생명과 그들에게 필요한 물질의 흐름이 점점 막히고 끊기기 시작했습니다. 먹이가 부족해지고 자신의 길이 막힌 수많은 동물이 사람의 길 위에서 자동차에 치여 숨을 거두고 있습니다. 생태계의 연결망이 파편화되면 될수록 사라져가는 종은 더욱

1분마다 사라지는 우리의 숲

불과 얼마 전까지도 인간 역시 숲에서 살았다.
숲은 인간에게도 고향이요 어머니다.
닥치는 대로 숲을 베어 당장의 이익을 구하는 방식을
버리지 못한다면 인간의 미래는 암담하다.

많아졌고 그 속도도 점점 빨라졌습니다.

한편 태곳적의 나무들은 원시의 빛을 머금어 자신의 몸속에 탄소로 저장했습니다. 그리고 그것을 땅속에 가두어두었습니다. 우리는 그 원시의 빛을 꺼내어 자동차에 주유합니다. 또 수많은 석유화학 제품을 만들어 쓰기도 합니다. 우리는 속도와 편리함을 얻었습니다. 하지만 다음 세대가 함께 사용해야 할 화석연료는 고갈을 목전에 두고 있습니다. 동시에 대기 중 이산화탄소가 증가했고 이 별은 온실처럼 점점 더 더워지고 있습니다. 더워지는 만큼 득세하는 종이 있지만 사라지는 종도 많습니다. 머지않아 북극에서 더 이상 북극곰을 볼 수 없으리라는 전망은 자식을 둔 모든 부모에게는 슬픔입니다.

한 종의 새가 사라졌다는 것은 이미 30여 종의 곤충이 사라졌다는 의미입니다. 소멸은 소멸을 낳고 그 소멸은 다시 더 빠른 소멸을 낳습니다. 우리 인간이 오로지 인간의 편리와 안전과 행복만을 욕망하는, 이대로의 탐욕을 유지한다면 더 이상 희망은 없어 보입니다. 지금 벌어지고 있는 소멸의 법칙은 지구상에서 가장 큰 영향력을 지닌 인간마저도 소멸에 이르게 할 것입니다. 아직도 늦추려 하지 않고 계속 달리기만 하는 이 소멸의 연쇄를 상생의 연쇄로 바꿔내지 않으면 분명히 그런 날이 오겠지요.

만물은 더불어 살지 않고는 존속할 수 없습니다. 그것이 확고한 자연의 법칙입니다. 서로가 서로를 살리는 길로 나설 때 더 넓은 마당이 펼쳐집니다. 더불어 서로를 살리며 번영의 길 위에 서는 것, 이것을 우리는 상생이라 부릅니다.

상생相生을 한자로 써보면 '서로를 살린다'는 뜻입니다. 이러한 이치는 나무 한 그루 속에도 고스란히 존재합니다. 상생이라는 단어에서 서로를 뜻하는 '상相' 자는 '나무木'와 '눈目'이 합쳐져 그 뜻을 이루는 글자입니다. 뜻글자와 뜻글자가 합쳐져 새로운 뜻을 만드는, 이른바 회의문자會意文字입니다. 자원字源을 풀어 한자의 뜻을 설명하는 책을 보니, '상' 자에 대한 해석이 이렇게 나와 있습니다. "木과 目의 합침. 나무에 올라 멀리 '바라볼' 때 저쪽에서도 마주 바라본다 하여 '서로'의 뜻이 된 자字."

그러나 나는 그 자원을 달리 해석합니다. 내 해석은 학문적 근거를 가지고 있지는 않습니다. 그러나 나는 내가 발견한 이 해석이 '서로'라는 말의 의미를 설명하기에 더 충실하고 적절하다고 믿습니다. 나의 해석은 이러합니다.

나무木는 눈目 없이 살아갈 수 없습니다.

한겨울을 보낸 나무는 저마다의 때를 골라 그 눈에서 잎을 틔우고 꽃을 피웁니다. 잎을 틔우는 눈은 잎눈, 꽃을 틔우는 눈은 꽃눈이라 부릅니다. 잎을 틔울 눈이 없으면 밥을 만들지 못해 죽을 것이고, 꽃을 틔울 눈이 없으면 열매를 만들지 못해 새로운 삶을 잇지 못할 것입니다. 잎과 꽃 두 가지를 하나의 눈에서 틔우는 나무도 있습니다. 이를 혼합눈이라 부릅니다. 그런 나무에게 혼합눈의 부재는 더 위험합니다. 잎도, 꽃도 아무것도 틔울 수가 없으니 그 나무는 그대로 죽음입니다.

한편 눈은 나무의 도움 없이는 그 싹을 틔울 수 없습니다.

눈이 그 싹을 틔우기 위해서는 발아시기를 감지하고 눈이 싹을 틔우도록 도와주는 생장호르몬이 있어야 하는데, 이는 나무의 뿌리로부터 만들어져 눈으로 전달됩니다. 나무가 호르몬을 공급하지 않으면 싹은 휴면 상태에 있게 되고, 따라서 제 소임을 다할 수가 없습니다. 뿌리의 도움이 없다면 눈은 잎도, 꽃도 피울 수가 없는 것입니다.

둘의 모습을 합쳐보면 눈이 없으면 나무도 없고, 나무가 없으면 눈도 없는 모습입니다. 한마디로 나무와 눈, 둘은 뗄 수 없는 '서로'인 것입니다. 나는 나무와 눈이 함께하여 서로를 의미하는 '상' 자가 된 본질적인 연유가 나무의 이런 모습에서 비롯한 것이 아닐까 생각해봅니다.

물론 이미 한 몸인 나무(뿌리)와 눈은 개체와 개체가 이루어내는 '서로'가 아니므로 나의 해석이 억지스럽다고 생각하는 분도 있겠지요. 그러나 '상생'은 본래 동양의 명리학이 오래전부터 다루어온 핵심적인 개념입니다. 명리학에서는 하나의 몸도 음과 양으로 나뉘고 또한 연결된다고 믿습니다. 모든 것이 음과 양으로 나뉜 개별체인 동시에 서로 생生하기도 하고 극剋하기도 하는 관계로 연결되어 있는 것이 우주의 질서라는 것입니다. 따라서 한자가 만들어질 당시 사물과 세상을 바라보던 주요한 관점의 하나가 명리학이었을 것이라 추측해보면 나의 해석이 억지스럽지만은 않을 것입니다.

존재의 발견
숲에게 길을 묻다

물론 일반적으로 눈目, eye은 동물의 눈을 뜻합니다. 나무의 눈bud을 뜻하는 말로 식물학자들은 '아芽' 자를 많이 씁니다. 하지만 어떤 의미에서 나무의 눈은 동물의 눈과 다르지 않습니다. 지상의 공간에서 나아갈 방향과 뻗을 자리를 찾고, 그곳으로 잎을 틔우고 줄기와 가지를 뻗어가는 역할을 대부분의 나무는 '눈'이 맡기 때문입니다.

나는 상생의 '상' 자에 대한 나의 관찰과 해석을 좋아합니다. 그것이야말로 자연의 질서 속에 존재하는 '서로'라는 의미를 제대로 설명하기 때문입니다. 상생은 자연의 오묘한 법칙입니다. 서로 도우면 싹이 트고 꽃이 피어 결국 나무 전체가 풍성해집니다. 이를 통해 우리는 서로가 서로를 '생生'해주는 모습을 볼 수 있습니다. 서로를 도와 모두가 풍요로워지는 것만큼 아름다운 모습이 또 어디에 있을까요? 하나와 하나를 더하면 둘이 되는 수학의 정리로는 이 오묘한 관계가 가져다주는 풍요로움을 결코 설명할 수 없습니다. 상생은 언제나 창발적인 결과를 가져옵니다. 하나에 하나를 더하면 그 결과는 결코 둘에 머물지 않고 항상 그 이상으로 이어지게 하는 원리가 바로 상생 속에 들어 있습니다.

상생의 법칙은 나무木와 눈目이 서로를 생生해주는 모습에만 국한되지 않습니다. 홀로 사는 나무 한 그루에만 적용될 법칙이 아니라는 의미입니다.

모든 숲은 상생으로 깊어집니다. 어디에서든 나무들을 보십시오. 홀로 살지 않는 나무가 없습니다. 그러나 더 자세히 살펴보면 주변과 함께, 그리고 그 때문에 존재하지 않는 나무가 없습니다. 나무는 땅과 함께 존재합니다. 나무는 땅을 딛고 그 속에 자신의 근거를 의탁해야 비로소 설 수 있습니다. 수많은 지렁이와 곰팡이와 미생물이 그들의 뿌리와 연결되어 있습니다. 스미고 흐르는 물과 영양분을 잡아주고 공급해주는 공간이 자신의 발아래 있습니다. 그것은 인간의 숲에도 똑같이 적용되는 생존과 번영의 원리입니다.

앞서 정리했듯이 다른 종의 소멸을 무시하고 빠름과 편리만을 추구하는 지금의 방식은 자충수입니다. 불과 100년 사이에 세상은 눈부시게 빨라졌고 편리해졌지만, 대신 우리의 삶과 직간접적으로 얽혀 우리의 삶을 생生해주는 무수한 생명 종이 사라졌습니다. 사라진 종은 되살릴 수 없습니다. 이렇게 사라지는 생명의 목록이 길어지도록 방치하다가는 결국 우리도 그 목록에 포함될 것입니다.

도농都農 관계도 다르지 않습니다. 도시가 싼값에 농산물을 공급받기 위해 농촌을 제물로 삼는 정책은 우선은 농촌을 피폐하게 하고 결국에는 도시마저 파괴할 것입니다. 농촌이 피폐해지면 식량 자급률도 낮아집니다. 수입농산물에 의존해 낮은 농산물 가격을 유지하는 정책은 당장은 손쉽지만 세계적인 곡물 회사들에 대한 의존도를 높이게 됩니다. 농산물 가격이 언제까지나 안정되게 유지될 수는 없습니다. 위기가 왔을 때 도시가 먹고살기 위해서 부담해야 할 비용이 어느 정도일지는 감히 상상할 수 없습니다. 대기업과 중소기업의 관계도 크게 다르지 않습니다.

정치도 마찬가지입니다. 권력에 반反하는, 다른 생각을 담지 못하게 하는 정치는 결국 세상을 더욱 혼란스럽게 합니다. 세상에 피는 꽃의 색깔이 모두 다르듯 생각의 색깔도 다 다르거늘 한 가지 색깔만을 장려하고 다른 색깔을 탄압한다면 세상은 우울과 분노로 가득할 것입니다. 시민이 분노와 우울에 빠져 힘겨워하면 그들을 위해 나섰고 그들을 위해 세상을 다스린다는 이들은 언제까지 편할 수 있겠습니까!

상생은 개인의 삶에서도 무척 중요합니다. 우리는 누구나 나로 살고 싶어 합니다. 모든 '내'가 '내' 삶의 주인으로 살고 싶어 합니다. 내가 내 삶의 주인으로 산다는 것이 나만을 위해 산다는 의미는 아닙니다. 그것은 성숙한 삶을 산다는 의미입니다. 성숙한 삶의 요소 중에는 상생에 대한 고민도 포함됩니다. 그것은 내가 나로서 살 수 있는 삶의 환경을 만드는 일에도 나의 일부를 쓰는 삶이어야 합니다. 타자 없이 내가 존재할 수 없기 때문입니다. 그것은 마치 숲이 있어 인간이 있음을 자각하는 것과 같습니다. 숲을 없애 나의 배를 채운다면 결국 우리의 후손들도 사라지리라는 진리를 깨닫는 것과 같습니다. 우리에게 상생은 다음 세대를 위해 나무 한 그루를 심는 것과 같습니다. 당장의 이익 너머에 더 너른 삶이 있음을, 그것이 사람을 사람답게 해온 원리임을 알고 실천해야 합니다.

숲은 지구의 숨통이다.

자신의 숨통을 끊어가면서까지 욕망을 채우는 생명은 없다.

우리는 우리와 우리 후손의 숨통을 반드시 지켜내야 한다.

공헌

숲을 닮은 풍요,
진정한 부자로 사는 길

숲은 풍요의 터전이다.
숲의 생명들은 어떻게 하면 그들의 터전이 풍요로울 수 있는지 알고 있다.
그들은 더불어 부자로 사는 법을 익히고 실천해왔다.
숲의 생명들이 보여주는 부자전략이야말로 우리가 배워야 할
가장 아름다운 부자들의 모습이다.

상업광고는 그 시대 인간의 욕망을 반영하는 거울입니다. 상업광고는 인간의 욕망에 끝없이 불을 지르고 싶어 하고 심지어 비틀기도 합니다. 우리의 욕망을 비틀어대는 상업광고를 볼 때마다 마음이 불편해집니다.

어느 때부터인가 상업광고의 대종은 인간의 몇 가지 욕망을 집중적으로 자극하는 것을 주요 모티브로 합니다. 그것을 요약해보면 예뻐지고 싶은 욕망, 편리를 추구하는 욕망, 인정받고 싶은 욕망, 안전해지고 싶은 욕망, 부자가 되고 싶은 욕망 정도가 될 것입니다.

우리는 모두 욕망이 있기에 살아갑니다. 욕망이야말로 우리를 살아 있게 하는 힘이라는 사실을 누구도 부정할 수 없습니다. 그러나

존재의 발견
숲에게 길을 묻다

건강하지 못한 욕망은 사람을 병들게 합니다. 그것은 개인을 병들게 하고, 사회를 병들게 하고, 우리가 살고 있는 터전인 환경마저 병들게 합니다.

이런 광고나 말들은 한결같이 이 시대의 욕망을 반영하고 있고, 또한 보다 적극적으로 그러한 욕망을 갖도록 선동하기까지 합니다. 누군가와 나를 비교하게도 하고, 그로 인해 우월감이나 열등감을 느끼게도 합니다. 한결같이 더 많은 부를 축적해야 이룰 수 있는 욕망들만을 자극하는 것이어서 보는 이들에게 부를 축적해야 한다는 강박을 은연중에 심어줍니다.

그래서 광고는 자본주의의 '검은 꽃'과도 같습니다. 더 예쁘거나 우월한 존재로 인정받기 위해서, 더욱 편리한 것을 갖기 위해서, 보다 안전해지기 위해서 광고는 더 많이 소비하라고 부추깁니다. 더 많은 소비를 위해서 더 많은 돈을 벌어야 한다는 생각에 이르게 합니다. 우리가 비판적인 렌즈 없이 광고를 즐기다 보면 어느새 '결국 더 많은 돈을 벌고 부를 축적하는 것이 삶의 해답'이라고 세뇌당하게 됩니다.

하지만 전해 내려오는 '격언'에 따르면 부자가 천국에 들어가는 것보다는 낙타가 바늘구멍을 빠져나가는 것이 더 쉬울 것입니다. 오래된 이 말 속에는 부자에 대한 약간의 경계심이 포함되어 있습니다. 그 이유가 무엇일까요? 아마도 동서고금을 막론하고 많은 부자들이 스스로의 노동보다는 타자의 이익을 빼앗음으로써 축재를 했기 때문이겠지요. 오랜 시간 인류가 부를 축적하는 방식은 다분히 야만적이었습니다. 봉건시대의 부는 농노에 대한 착취를 기반으로 축적되었습니다. 초기 자본주의 시대의 부자들 역시 대개는 노동자들의 열악한 삶을 대가로 부를 축적했습니다.

오늘날은 어떨까요? 과연 스스로의 노동만으로 부를 쌓아갈 수 있을까요? 타자의 몫을 내 쪽으로 더 많이 끌어당기지 않고 더 많은 부를 축적할 수 있을까요? 아쉽게도 그러지 못합니다. 부의 축적이 주로 타자에 대한 착취에 기반을 두고 이루어지던 예전의 원시적인 야만성은 자유주의나 신자유주의라는 이름하에 더욱 세련되어졌을 뿐, 그 본질을 극복하지는 못했습니다. 오히려 최근에는 실물적 가치를 뛰어넘는 허구적 가치를 만들어내고, 이를 '폭탄 돌리듯' 나눠 갖는 방식으로 부를 축적하고 있습니다.

불행하게도 나는 아직까지 월급만으로 부자가 되었다는 사람을 만난 적이 없습니다. 오늘날 '개인이 부자가 되는 법'을 알려주는 전형적인 텍스트는 대략 이렇게 구성되어 있습니다. "월급에서 떼어 낸 돈으로 종잣돈을 만들고, 이 종잣돈을 이용해 재테크를 하는 것으로 점점 더 부를 불려갈 것! 이윽고 어느 수준이 되면 그간 쌓은 돈이 스스로 굴러가며 부를 재생산하게 할 것!" 그리고 이어서 재테크의 구체적인 실행 방법들을 알려줍니다. 가장 보편적이고 핵심적인 수단은 대략 두 가지로 요약됩니다. 바로 금융을 활용하는 것과 부동산에 투자하는 것입니다. 금융은 크게 투자와 대출의 활용으로 나뉩니다. 투자는 주식이나 선물 시장에 직접 투자하거나 펀드 등을 통해 간접 투자하는 방식이 있습니다. 대출은 이율이 낮은 금융권으로부터 대출을 받아 높은 수익이 나는 곳에 투자함으로써 남의 돈을 활용해 부를 쌓는 것입니다. 이를테면 급등할 것 같은 땅이나 아파트에 투자하면 거둬들이는 수익에 비해 은행의 이자는 아주 미미하므로 큰돈을 벌 수 있다는 것입니다. 부동산에 투자해서 부자가 되는 법도 크게 다르지 않습니다. 이른바 서민들이 시도해볼 수 있는 부동산 투자는 크게 아파트와 땅에 대한 투자로 나뉩니다. 아파트는 재개발이나 재건축, 신도시 개발 등이 높은 수익으로 연결됩니다. 땅 또한 개발 호재가 많은 곳을 선점해놓고 기다리면 큰돈이 됩니다. 이 모든 방법이 월급에 의존하여 재산을 쌓아가는 것보다 몇 배, 몇십 배 높은 탄력성을 지녔기 때문에 적극 활용해야 한다는 것입니다.

이러한 재테크 방식의 본질은 '비생산 노동'과 '타자의 몫 더 가져오기'를 통한 부의 축적입니다. 우리는 싸게 사들인 증권이나 부동산이 비싸게 팔리기를 기대합니다. 이는 본질적으로는 싸게 판 사람의 몫을 내가 거두어들임으로써 부를 챙기는 방식입니다. 많은 사람들이 외면하고 싶어 하지만, 사실 이것은 허구적인 부입니다. 현재적 가치보다는 포장된 미래적 가치이고, 실물적 가치보다는 거품이 낀 허구적 가치입니다.

허구적인 부는 거품이고 폭탄입니다. 부풀어 오른 거품은 반드시 꺼지기 마련입니다. 거품이 꺼지기 시작하면 모두가 힘겨워집니다. 개인은 채무의 압박을 견디기 어려워지고 돈을 빌려준 은행은 부실화의 길로 빠져듭니다. 이렇게 되면, 일본의 장기불황이 그러했듯이 실물경제 또한 오래도록 이어지는 극심한 불황의 위협을 받게 됩니다. 결국 우리 대부분의 삶도 긴 터널로 들어가게 됩니다. 안타깝게도 지금 우리나라를 포함한 전 세계가 겪고 있는 위기와 고통도 이 흐름과 다르지 않습니다.

주기적으로 발생하는 이러한 위험은 우리가 부를 축적하고 유지하는 방식에서 기인하는 것으로 보입니다. 그것은 멈춤 없이 성장해야 겨우 유지될 수 있는 경제 체계가 안고 있는 문제이고, 동시에 타자의 것을 더 가져서라도 나의 성을 구축하겠다는 비뚤어지고 허구적인 욕망에 기인하는 문제입니다.

두발자전거를 탄 사람은 계속해서 자전거의 페달을 밟아야 합니다. 쉬지 않고 달리지 않으면 자전거와 함께 쓰러지기 때문입니다. 오늘날의 경제 시스템도 마찬가지입니다. 끊임없이 소비가 이루어지지 않으면 줄줄이 무너지는 시스템입니다. 이 시스템이 유지되려면 늘 더 많이 팔려야 합니다. 제품의 수명이 너무 길지 않게 만들어 소비자가 더 자주 제품을 바꾸게 해야 합니다. 또한 사람들의 마음을 끌 매혹적인 광고가 필요합니다. 그들이 지불할 돈이 있어야 합니다. 개인은 월급 인상분보다 더 많은 수입이 필요합니다. 그렇기 때문에 앞서 말한 재테크가 필요합니다. 주식과 부동산 시장에서 나에게 싸게 팔 누군가가 필요하고 그것을 내게서 비싸게 사 줄 누군가가 필요합니다. 이윽고 유동성 경제가 살찌는 현상이 발생할 것입니다. 거품이 커져갑니다. 그뿐만 아니라 더 많은 쓰레기가 쌓여야 합니다. 왜냐하면 쓰던 물건을 더 자주 바꾸게 되면 버려

존재의 발견
숲에게 길을 묻다

야 하는 물건도 그만큼 늘어나기 때문입니다. 우리가 따르고 유지하는 욕망의 방식은 결국 대량생산, 대량소비, 대량폐기로 이어집니다. 지구 별의 평형이 깨지고 생태계는 교란으로 몸살을 겪게 됩니다. 요컨대 우리가 축재하는 방식은 타자의 몫을 내가 더 많이 가져야 하는 방식이요, 위험한 폭탄을 돌리면서도 그것이 성장이라고 굳게 믿는 허구적인 방식입니다. 또한 미래의 생명이 누릴 자연을 훼손하는 방식이고, 자원을 고갈시키고 황폐화시키는 방식입니다. 오늘날 우리가 추구하는 축재의 욕망은 그래서 자칫 검은색을 닮기 쉽습니다.

숲을 지키는 나무들의 욕망은 좀 다릅니다. 그들이 품고 있는 욕망은 초록빛입니다. 봄이 오면 생장을 자극하는 식물들의 호르몬이 작동하기 시작하고, 그것을 표현하는 욕망은 엽록소의 빛깔로 발현합니다. 봄부터 여름까지 그들의 욕망은 초록색을 띠고 가지 끝에 매달려 생장을 향해 질주합니다. 들판의 풀은 잎을 내고 제 씨앗에 담긴 키만큼 자랍니다. 경쟁이 치열한 풀밭에서 자라는 풀은 옆의 풀들보다 조금이라도 더 키를 키우려고 애를 쓰겠지요. 여름이 오면 숲의 나무들도 가지마다 잎을 내고 숲을 신록으로 가득 채웁니다. 버드나무처럼 물을 좋아하는 나무들에게서는 물을 끌어올리는 소리도 들을 수 있습니다. 나무줄기에 청진기를 대면 그들이 땅속에서 잎끝으로 운반하는 물소리가 들립니다. 오뉴월의 숲은 그토록 치열합니다. 자신의 생장을 위한 욕망을 채우기 위해 숲은 소리 없는 흐름으로 분주합니다.

오뉴월의 숲은 치열하다.

숲을 이루며 사는

모든 생명들이 각자의 성장을 향해

욕망의 줄기와 가지를

최대한 펼치는 시기가 바로 숲의 여름이다.

가을은 기울 것들이 기울어가는 계절입니다. 별들도 기울어 은하수는 하늘을 바라보는 우리의 눈 바로 위에 걸리고, 해도 기울어 낮이 발아래 머무는 시간은 점점 짧아집니다. 기울 것들이 모두 기울어가면 이제 생명들이 품었던 욕망도 두지 않았던 미련처럼 사위어 갑니다. 뜨거웠던 여름, 나무들이 품고 키웠던 그 왕성한 생장의 욕망도 점점 사그라집니다. 나무들이 품었던 욕망은 이제 안식을 향해 기웁니다. 그들의 안식은 잎끝에서부터 단풍으로 시작됩니다.

단풍은 안식의 빛입니다. 생장의 계절 내내 밥을 짓느라 광합성의 노동을 감당했던 잎들이, 또한 몸이 뜨거워지는 것을 막고 적절한 온도를 유지하기 위해 증산을 하느라 수고로웠던 잎들이 서서히 자신의 노동을 내려놓기 시작했다는 증거입니다. 그것은 그들이 욕망을 정리함으로써 삶을 잇는 훌륭한 방식이고 전략입니다. 달고 있으면 쓸데없이 커질 소비를 줄여 축적한 재산을 지키는 방편이기도 합니다.

단풍으로 빚어내는 잎사귀들의 색은 모두 제 본래의 빛을 되찾는 것입니다. 욕망을 담보했던 엽록소를 지우고 남는 빛은 본래의 빛입니다. 은행나무는 노란빛으로, 붉나무는 붉은빛으로, 그리고 참나무는 흙빛으로 저다워집니다. 나무는 찰나처럼 짧게 제 빛을 찾은 뒤 이제 본격적인 안식의 시간으로 들어갑니다. 그들의 안식은 어쩌면 지상에서 가장 아름다운 축제입니다. 여름내 저마다 키워낸 성장의 증거들을 알몸으로 보여주며 나무는 서로를 살찌우기 위한 공간을 창출해냅니다.

그들이 서로를 위해 부를 쌓는 방식은 낙엽으로 잎을 떨어내는 것입니다. 나무들이 낙엽을 만드는 것은 더 깊은 안식에 드는 의식이기도 하지만, 동시에 축재의 방식이기도 합니다. 낙엽은 숲의 모든 식물들이 생장에 쓰고 남은 잉여가치입니다. 질소와 인산과 칼륨처럼 소중한 영양소는 몸속으로 다시 회수하여 저장하고 탄소를 중심으로 하는 부차적인 양분들은 잉여가치로 잎에 남겨둡니다. 식물들은 잎을 숲 바닥에 떨어뜨림으로써 다시 생장의 계절에 쓸 거름을 만듭니다. 수많은 미생물과 지렁이와 곤충과 이끼 등 다른 생명들이 낙엽을 덮고 매만지며 살아갈 것이고, 결국에는 이를 흙으로 되돌려놓습니다. 궁극적으로 나무는 흙 속으로 돌아간 양분을 흡수하며 해를 잇는 자신의 욕망을 펼칩니다. 낙엽은 식물 각자가 출자하여 만드는 공동 은행과도 같습니다. 벌거벗은 나무들의 키는 봄과 다르고, 그 다른 만큼이 그들의 성장을 증명하는 유일한 증거로 남을 뿐입니다. 오로지 그것만이 자신의 부로 남고, 폐기하는 낙엽들은 서로를 위한 부조가 됩니다. 따라서 가을의 숲은 온통 축재의 축제입니다. 두발자전거로 계속 질주해야 유지되는 것이 인간의 방식이라면, 숲의 방식은 낙엽들을 통해 벌이는 '축재의 축제'라는 바퀴를 하나 더 둔 세발자전거의 방식입니다. 따라서 숲은 느리지만, 훨씬 더 안정되게 더불어 살아가는 지혜를 지속하고 있는 셈입니다.

사람의 숲도 자연의 숲도 잉여가치를 생산합니다. 사람의 잉여가치가 비생산 노동과 타자의 것 가져오기로 거품을 형성할 때, 숲의

숲의 저장고 낙엽

숲의 낙엽은 나무 한 그루 한 그루가
안식을 위해 치르는 의식의 산물이다.
동시에 낙엽은 숲 공동체가
서로의 삶을 부양하기 위해
내어놓는 저장의 산물이기도 하다.
그들은 서로를 부양할 줄 안다.

그것은 저마다의 생산 노동으로 서로를 위해 기부되고 모두를 살찌우는 양분으로 작용합니다. 숲은 타자의 손길을 필요로 하지 않습니다. 그곳은 타자의 몫을 빼앗지 않고도 스스로 풍요로울 줄 아는 공간입니다. 생장하고 축적하며 쌓은 재산을 아낌없이 자신들 공동의 공간에 되돌려주기 때문입니다. 숲은 아름다운 부자들이 가득한 공간입니다.

나는 사람도 그럴 수 있다고 믿는, 어쩌면 어리석은 사람입니다. 수십 년 전 중국영화를 좋아하던 이들의 로망이자 영웅이었던 배우 성룡은 2008년도에 자신이 모은 수천억 원의 재산을 모두 세상에 되돌리겠다고 선언했습니다. 김수환 추기경은 잔고 없는 통장을 남기고, 바르게 세상을 보았던 자신의 각막을 기증하셨습니다. 인근 마을의 어떤 노인은 폐품 수집으로 번 돈을 시골 아이들의 장학금으로 내놓고 계십니다. 그 외에도 아주 많은 사람들이 숲의 낙엽처럼 그들이 살고 다음 세대가 살아갈 터전 위로 자신의 노동으로 이룬 가치를 되돌리고 있습니다. 그들이 쌓은 것이 얼마나 되든 그들은 모두 나무처럼 아름다운 부자입니다. 나무들처럼 자신의 노동에 정직하고 그것을 다시 되돌릴 줄 아는 아름다운 부자가 많아질 때 사람의 숲도 더 풍요로운 공간이 되겠지요. 내가 그럴 수 있고, 그대가 그럴 수 있다면 그것은 결코 생각만으로 끝나지는 않을 것입니다.

숲의
결실

서로가 서로를 가리지 않는 법

해도 둥글고
달도 둥글고
이 별도 둥글어.

모든 별이 왜 둥근지 알아?
몰라!

그러면 우리가 이루는 모습을 봐!
우리 나무들이 키운 가지의 끝이 만들어내는 선을 봐!

우리 나무들은 모두가 똑같이 키를 키우지 않고
옆을 보며
둥글어지지.
그것이 빛을 나누는 법이야.
서로가 서로를 가리지 않는 법이 거기에 있는 거라고.

돌아간다는 것은 무엇인가?

살아 있는 모든 것은 돌아가야 한다. 그것은 누구도 거역할 수 없는 우주의 섭리다. 돌아간다는 것은 단순하게는 죽는 것을 의미한다. 그것은 지금까지의 실존이 모두 소멸하는 것이다. 그래서 사람들은 그것으로 모든 것이 끝난다고 믿는다. 이러한 믿음 때문에 우리 대부분에게 죽음은 크나큰 아쉬움이고 두려움이다.

그러나 숲의 생명들이 죽어가는 모습을 보라!

실로 죽는다는 것은 본래의 모습으로 돌아가는 것이다.

돌아간다는 것은 소멸이자, 부활이다. 이번의 삶이 썩어 사라지고 다시 누군가의 삶 속으로 스며들어 새롭게 지속되는 생명 순환의 한 과정이다. 따라서 돌아간다는 것은 그 순환의 흐름에 나를 맡기는 것이다.

우주의 섭리를 따라 돌아가는 길 위에 서 있는 나무들은 안다. 무엇을 남겨야 하고 무엇을 내려놓아야 하는지, 어떻게 소멸해야 하고 어떻게 본래의 모습으로 돌아가야 하는지. 이제 사람도 그것을 알아야 한다.

4막

돌아가다
다시 태어나는 삶

순환

천지에 흐르지
않는 것은 없다

물은 구름과 땅과 내를 거쳐
강과 바다에 이르고 다시 구름으로 순환한다.
생명 또한 땅에서 시작하여 하늘에 이르고
다시 땅의 자리로 돌아온다.
천지에 흐르지 않는 것은 없다.

《우리 문명의 마지막 시간들The Last Hours of Ancient Sunlight》의 저자 토머스 하트만Thomas Hartmann이 지적했듯이 생명체는 지상으로부터 10킬로미터 범위 내에서만 살 수 있습니다. 생물체가 살 수 있는 대류권 최상층까지의 거리가 딱 그 정도이기 때문입니다. 결국 지상에 존재하는 모든 생명은 지상 10킬로미터 안의, 공기층이 있는 범위 내에서만 저에게 맞는 영역을 차지하며 살아갈 수 있습니다. 즉 지구를 둘러싼 10킬로미터의 공기층, 이 안에만 생명이 살아갈 수 있는 원리가 존재하는 것입니다.

쉽게 말해서 우리의 별 지구에서 나와 그대가 살고, 또한 다른 생명들이 지속적으로 살아갈 수 있는 이유는 그 안에 수많은 생명 부

존재의 발견
숲에게 길을 묻다

양의 원리가 작동하고 있기 때문입니다. 태양이 살아 있어 빛이 감돌아야 하고, 물이 흘러 생명을 적셔야 합니다. 대기가 있어 숨 쉴 수 있어야 하고, 그것을 감싸안아 지구의 온도를 지켜줄 오존층도 있어야 합니다. 나의 재주로는 차마 다 열거할 수 없을 만큼 수많은 존재들이 매일매일 서로 관계를 맺고 작동함으로써 우리가 존재할 수 있습니다. 하지만 누군가 내게 그중 가장 중요하게 생각하는 원리 하나를 꼽아보라고 한다면 나는 단연 '순환의 원리'를 꼽겠습니다.

천지에 순환하지 않는 것은 없습니다. 순환의 원리와 질서 속에서만 모든 생명의 삶이 부양되고 존속할 수 있습니다. 사람의 몸에는 쉬지 않고 피가 돌아야 합니다. 숨이 멎었다는 말은 피의 흐름이 멎었다는 의미이기도 합니다. 계절도 그래야 합니다. 봄은 겨울의 뒤를 이어 당도하고, 다시 여름과 가을과 겨울로 순환해야 합니다. 계절의 순환이 멈추면 그 계절과 한 리듬 위에 있었던 생명 대부분의 삶 또한 멈추게 됩니다. 물도 그 흐름을 멈추지 않아야 합니다. 한때 구름이었다가 빗물이었다가 개천이어야 하고, 강이 되어야 하며 바다에 이르러 다시 구름으로 도는 여정을 계속해야 합니다. 숲도 순환의 질서 속에 편입되어 있기는 마찬가지입니다. '숲의 천이'가 그렇듯이, 황무지였던 땅은 풀밭이 되고, 다시 빛을 좋아하는 나무들의 개척지가 되었다가 종래에는 음지를 견뎌낸 초목들의 터전으로 순환의 절정을 이루며 처음 혹은 어느 지점으로 되돌아가기를 반복합니다.

생명과 관계를 맺고 상호작용하는 물질들 또한 끝없이 순환합니

순환의 질서 속에서 흐르는 강

숲이 있어 내川가 있다.

내가 있어 강이 있고 바다가 있고 구름이 있다.

다시 물이 있어 숲이 있다.

그렇게 물은 흐르고, 또한 돈다.

그 흐름과 순환의 질서 안에서만

생명이 거居할 수 있다.

다. 아주 긴 시간을 거쳐 바위는 돌이 되고 모래가 되고 흙이 되고 먼지가 되어 자신의 길을 걷다가 다시 바위로 굳어지고 나뉘기를 반복합니다. 생물들의 똥조차 땅을 거쳐 풀과 나무, 딱정벌레들, 그리고 우리 농부들에게까지 귀중한 선물로 탈바꿈하며 생명체를 살찌웁니다. 이때 물질의 덩어리들을 구성하는 원소들 또한 다양한 분자로 결합하고 해체되고 재결합하며 순환하기를 반복합니다.

이렇듯 물질의 순환은 지구 전체를 관통하는 질서입니다. 탐험 정신이 강한 우리의 문명이 이 별 바깥에서 같거나 비슷한 현상을 찾는 일을 계속하고 있지만, 다른 별에서는 이와 똑같은 질서를 찾아낼 수가 없었습니다. 그것은 이 별을 유지하는 하나의 절대적인 질서입니다.

그렇다면 이 별에만 이토록 특별한 순환의 질서가 존재하는 이유는 무엇일까요?

영국의 저명한 과학자이자 발명가이자 저술가인 제임스 러브록James Lovelock은 이 질문에 대해 지구가 살아 있기 때문이라고 대답했습니다. 러브록은 자신의 유명한 저서 《가이아: 살아 있는 생명체로서의 지구Gaia: A New Look at Life on Earth》에서 지구를 "그 자체가 하나의 거대한 생명체로서 그 위에 살고 있는 생물들이 최적의 생존 조건을 유지하도록 항상 스스로 조정하며 스스로 변화"하는 별이라고 보았습니다. 달리 말해, 지구는 스스로 자신을 조절할 줄 아는 거대한 유기체와 같으며, 따라서 이 별을 '살아 있는 지구'라고 부르는 것입니다. 즉, 지구가 그 자체로서 하나의 거대 생태계인 셈입니다. 요컨대 러브록은 이 '가이아 가설'을 통해 지구가 스스로 살아 있어 생명이 이어질 수 있는 평형을 이룬다고 주장합니다.

살아 있는 나의 체온은 섭씨 36.5도입니다. 더운 여름에도, 추운 겨울에도 나의 몸은 스스로 이 온도를 유지할 수 있습니다. 미국의 생리학자 월터 캐넌Walter Cannon은 우리 몸이 지닌 이러한 능력에 '항상성homeostasis'이라는 이름을 붙였습니다. 즉, 생명은 주변 환경이 시시각각으로 변하더라도 놀라울 정도로 자신의 생리적 조건을 일정하게 유지할 수 있는 능력을 지녔다는 것입니다. 러브록에 따르면 지구 또한 이러한 항상성을 지닌 유기체라서 생명들의 삶이 지속될 수 있는 평형 상태를 유지할 수 있다고 합니다.

러브록의 지적처럼 화성과 금성 같은 행성의 대기가 산성에 치우쳐 있는 반면, 지구는 산성도 염기성도 아닌 중성을 지향하여 화학적 평형을 이루고 있습니다. 또한 바닷물은 그 염분 농도가 3.5퍼센트 수준에서 평형을 이루고 있습니다.

반복적인 강우와 강물의 유입에도 불구하고 바닷물의 농도는 낮아지지 않습니다. 반대로 육지로부터 흘러들어오는 염분과 확장되어가는 해저에도 불구하고 바닷물의 농도는 높아지지 않습니다. 지구의 대기에 연간 10억 톤 정도의 강산성 물질이 자연적으로 산화할 때 그에 상응하는 암모니아가 생산되어 알칼리성을 띠고 대기 중으로 흩어지면서 중성 상태를 지켜줍니다. 이 모든 예가 그렇듯 놀랍게도 지구에는 생명을 부양하기에 적합한 평형이 유지되고 있습니다(최근의 과도한 자연 훼손이 지구의 평형 상태에 초래하는 심각한 불

균형 상태와, 그것이 가져올 결과에 대해서는 논외로 했다).

동양의 물리학인 명리학明理學도 이미 오래전에 이 점을 간파했습니다. 명리학은 우주 만물이 스스로 평형을 찾기 위해 얽히고설키며 존재하고 관계함을 이미 고대에 알아차렸고, 그 지혜를 인간의 삶에 적용하고 있습니다. 만물이 음과 양으로 나뉘어 쉼 없이 역동적으로 움직이면서 견제와 균형을 이루어가는 것이 우주의 질서라는 것입니다.

누구도 지구에 존재하는 놀라운 평형 현상들이 가이아의 능력에 의한 것인지, 음양오행의 조화에 의한 것인지 밝힐 수는 없을 것입니다. 그러나 이 놀라운 평형의 이면에 바로 순환과 관계의 질서가 있는 것만은 분명합니다. 그뿐만 아니라 정교한 관계 속에서 이루어지고 있는 순환의 질서가 심각하게 훼손되면 지구의 평형도 깨질 것이 분명합니다. 만물의 순환이야말로 지구가 푸른빛을 띤 아름다운 별일 수 있게 하는 강력한 원리 중의 하나입니다.

그렇다면 우리의 삶은 어떨까요? 우리의 삶도 순환할까요?

엉뚱하게 느껴질지 모르지만, 우리의 삶이 순환한다면 죽음이 삶의 어느 지점에 놓여 있어야 하는 것은 아닌가 생각해보았습니다. 나고 자라고 이루며 사는 삶의 마지막 단계에 죽음이 있을 것이 아니라, 그 중간 지점에 죽음이 놓였다가 다시 살 수 있다면 어떨까 하는 생각 말입니다. 만약 그렇게 된다면 이 별에는 살아 있는 생명들이 너무 많아질까요? 그렇게 이 별이 생명들로 가득 차게 되어

나무가 죽었다.
이제 그는 새로운
물질순환의 궤도에 올랐다.
그 안에 딱따구리가
집을 지었던 흔적이 있다.
그곳에 새로운 생명이
기댄 흔적이 있다.
죽음을 끝이라
부르기가 조심스럽다.

발 디딜 틈이 없을 것이라는 걱정이 든다면 염려하지 마십시오. 생과 사를 주관하는 조물주가 종마다, 혹은 개별 생명체마다 죽어 있는 시간, 혹은 살아 있는 시간의 길이를 달리하여 생명체들의 포화 상태를 조절해줄 테니까요. 또는 인간으로 살다가 죽음의 문을 통과하고 난 뒤에는 지렁이나 미생물처럼 작은 생명체로서 살아가게 하는 방법도 있을 것입니다. 또한 생명 모두에게 공평한 기회를 주기 위해 지렁이나 미생물이 죽었다가 다시 살아날 때에는 사람이나 다른 생명체로 살게 하는 것입니다. 그 또한 지구의 생물체 포화 상태를 해결할 수 있는 방법이 될 것입니다.

하지만 아쉽게도, 생명체는 모두 한 번 살고, 마지막에 죽음을 맞습니다. 그에게 주어졌던 생명이 소멸하면 그는 이제 물질순환의 법칙을 따라 흐를 것입니다.

우리가 살고 있는 이 아름다운 행성 지구는 물질순환의 측면에서는 닫힌 계界입니다. 우주선에서 버려져 우주 속으로 사라지는 쓰레기 같은 예외를 제외하면, 또한 가끔 우주로부터 날아와 떨어지는 운석 같은 것을 제외하면, 이 별의 물질은 모두 이 별에서 순환하게 됩니다. 달리 말해 죽어서 항상성을 잃은 생물체의 몸뚱이는 흙이 되고 물이 되고 바람이 되며, 때로는 돌이 되어 수천 년을 굳어 있기도 합니다. 혹은 어느 순간 열로 바뀌어 뜨거워지기도 하고, 때로는 빛이 되어 어느 공간을 밝혀주기도 합니다. 그리고 언젠가는 동식물들의 영양물질이 되기도 하면서 모든 생명을 구성했던 물질들은 다시 이 별을 순환할 것입니다. 끊임없이 그렇게 돌고 돌아 한때

죽은 나무에 자라는 이끼

죽은 나무의 썩어가는 몸을 감싸고 자라는 이끼가 푸르다.
죽어서 나무는 수많은 생명을 부양하며 어디론가 돌아간다.
그래서 나무는 죽음까지도 숭고하다.

생명이었던 몸뚱이가 물질로, 한때 물질이었던 상태가 다시 생명의
일부로 순환하게 됩니다.

사람과 나무와 풀의 죽음을 만날 때마다 나는 신이 삶의 끝자락
에 죽음을 배치한 이유가 무엇일까를 생각합니다. 죽음은 순환이
아닌 삶의 종식을 위해 마련된 절차일까?

내 생각은 그렇지 않습니다. 내가 보기에 그것은 오히려 잘 살
라고 마련된 장치입니다. 신이 한 생명에게 두 번의 삶을 주지 않
은 까닭은 살아 있는 시간에 충실하여 후회가 없게 하라는 뜻이겠

지요.

초목이 초목답게 열심히 살아 잎을 내고 꽃을 피우고 산소를 만들고 비를 만들고 수많은 생명들이 기댈 공간을 만들어내면서 후회를 남기지 않듯이, 사람은 사람답게 살아 그것으로 후회가 없어야 한다는 뜻일 것입니다. 그것이 '살아 있음'에 부여한 신의 소명입니다.

죽음 또한 그러합니다. 모든 죽음에는 새로운 소명이 기다리고 있습니다. 생명은 죽어서는 이 별의 생명을 부양하는 물질로 순환하며 새로운 소명을 수행해야 합니다. 초목이 그 시신을 통해 이끼를 키우고 애벌레를 키우고 새를 키우고, 마침내 흙으로 되돌아가서 산 생명의 영양분이 되듯이 우리 사람의 주검도 미련 없는 흙이 되어 이 푸른 별의 생명을 부양해야 합니다.

우리는 죽음을 두려워하지만 죽지 않고는 새로운 생명이 태어날 수 없습니다. 순환이 멈춘 자리에서 생명도 멈춥니다. 지구가 푸른 빛의 별일 수 있는 이유가 여기에 있습니다.

정리

세상에 남겨
아름다운 것과 추한 것

우리는 모두 떠나야 한다.
그러나 떠나면서까지도
가난한 영혼을 움켜쥐지는 말아야 한다.

나는 숲을 거닐 때마다 숲의 생명들이 살아가는 모습에 항상 감탄합니다. 감탄의 대상은 한둘이 아닙니다. 그들이 태어나는 모습, 다투며 자라는 모습, 상처받는 모습, 그 상처를 다루는 모습, 꽃 피우는 모습, 사랑하는 모습…… 모든 것이 신비롭고 더러 숭고하기까지 합니다. 그중에서도 아주 특별히 놀랍고 신기한 것이 하나 있습니다. 바로 무덤과 관련한 것입니다. 숲에는 사람의 것을 제외한 다른 동물의 무덤이 보이지 않습니다. 숲에서는 선 채로 흙으로 되돌아가는 고사목을 만나는 일이 어렵지 않습니다. 그러나 그곳을 터전으로 사는 동물들의 사체를 발견하는 일은 무척 어렵습니다.

이른 봄부터 숲은 수많은 생명을 품어 스스로 혹은 더불어 살아가게 하는데 그들이 떠난 흔적은 좀처럼 찾을 수가 없습니다. 그 많은 생명이 다 살아간다면 숲은 분명 포화 상태여야 하고, 또한 과도한 생물량 때문에 무척이나 버겁고 혼란스러울 텐데, 숲은 결코 버거워 보이지 않습니다. 태어난 생명 중에 죽음을 맞는 생명들이 그만큼 많아서겠지요. 그렇게 개체 수가 조절되면서 숲은 평형을 유지해가는 것입니다. 그렇다면 수시로 죽음을 맞이하고 있을, 그 많은 생명의 주검들은 도대체 어디로 간 것일까요?

이 신비로운 현상을 가능하게 하는 비밀은 아마 '생명의 관계망'과 '물질순환'의 자연 질서일 것입니다.

이 숲에 지천인 멧토끼는 항상 그 큰 귀를 세우고 조심조심 움직입니다. 그들은 느릿느릿 걷는 나의 발소리에도 놀라서 가까운 가시덤불 속으로 잽싸게 사라지곤 합니다. 하지만 멧토끼는 어느 날, 이른 아침부터 소리 없이 비행하며 하루의 식량을 구하는 이 숲 상공의 강자 말똥가리나, 어둠만 내리면 울어대기 시작하는 한밤의 강자 부엉이 같은 포식자의 밥이 되어 생명을 다할 수도 있습니다.

이제 토끼의 삶이 그렇게 마감되었다고 칩시다. 얼마 뒤, 그를 먹어치운 말똥가리나 부엉이가 숲으로 배설물을 떨어뜨립니다. 이내 숲 바닥은 소리 없는 역사力士들의 소란으로 가득해집니다. 1티스푼 분량의 흙 속에 10억 마리 이상 존재한다는 미생물들이 바로 그 동물성 배설물을 식사로 제공받게 됩니다. 이렇듯 먹이그물 법칙에 따라 포식자에게 잡아먹힘으로써 생명을 잃는 존재들은 대부분 포

자연에서는
모든 생명의 똥이 자원이다.
고라니의 똥은 숲 바닥의
미생물들에게 더없이 훌륭한 식사가 된다.

식자의 배설물이 되어 숲 바닥으로 버려집니다. 모든 생명이 배설하는 똥은 분해자들에게는 소중한 밥이 됩니다. 그 과정을 통해 그들의 주검은 다시 숲의 다른 생명을 부양할 물질로 바뀌어 되먹임 feedback의 법칙을 따르게 되는 것입니다.

이것이 바로 '생명의 관계망'이자 '물질순환'의 자연 질서입니다. 초목(생산자)의 일부를 먹고 자라는 토끼(1차 소비자)가 말똥가리나 부엉이(2차 소비자)에게 잡아먹히고 그 배설물이 가장 낮은 위치에서 살아가는 미생물(분해자)들에 의해 다시 다른 생명을 부양하는 흙으로 돌아가는 과정! 이 과정을 통해 자연은 스스로 평형을 유지할 수 있습니다.

자세히 보면 그들이 평형을 찾는 또 하나의 방법을 확인할 수 있습니다. 그것은 재활용의 지혜입니다. 이를테면 뱀이 벗어놓은 허물은 새집의 구조체나 인테리어 소품으로 변신하여 재활용되고, 그 소용이 마무리되면 최종적으로는 분해자들에게 넘어가게 됩니다. 또 나무의 부러진 가지나 죽은 가지는 까치나 맷비둘기 등에게 넘어가 훌륭한 건축 재료로 재활용되었다가 다시 분해자들에게 넘어

나무가 선 채로 흙으로 돌아가고 있다.
생명이 있는 존재는 언젠가
모두 죽어야 한다. 죽어서 다시 순환의
고리 위에 놓여야 한다.
죽음을 맞은 저 나무도 지금
그 순환의 여행길 위에 서 있다.

가기도 합니다.

궁극적으로는 생산, 소비, 분해를 담당하는 각각의 주체들이 저마다의 소임에 최선을 다하는 것으로 숲이 스스로 균형을 이룰 수 있다는 사실은 참으로 놀랍고 신비롭습니다. 더러는 포식, 피식, 분해의 직접적인 사이클을 거치기도 하고, 더러는 재활용의 사이클에 포함되어 순환하면서 숲이 스스로 생물량의 균형을 이루며 숲 공동체를 지속하는 모습은 언제 보아도 경이롭고 부러운 모습입니다. 우리가 사는 세상과 달리 숲에는 과잉이 허락되지 않습니다.

우리는 지금 엄청난 과잉의 시대를 살고 있습니다. 과잉생산, 과잉소비, 과잉폐기!

대량으로 생산하고 대량으로 소비하고 대량으로 폐기하는 문화 혹은 시스템 속에서 과잉은 이제 자연스러운 모습으로 느껴지기까지 합니다. 우리는 이 문화에 젖어 사는 데 점점 더 익숙해지고 있으며 무덤덤해지고 있습니다. 여기서 이러한 과잉 지향적 시스템이 초래할 사회 경제적 문제에 대해 이야기하지는 않겠습니다. 다만, 그러한 과잉이 결국 우리의 후손들에게까지 고통을 줄 수 있다는 사실만은 강조하고 싶습니다. 그중에서도 특히 4막의 주제인 '죽음'과 관련한 과잉의 문제만을 이야기하겠습니다.

우리나라는 지금 과잉이 지나쳐, 심지어 무덤 과잉의 시대를 맞고 있습니다. 교외로 차를 타고 나갈 기회가 있을 때마다 주위를 조금 더 자세히 살펴보십시오. 곳곳의 무덤으로 어지럽지 않은 곳이

별로 없습니다.

현재 우리나라에는 대략 2,000만 기 정도의 무덤이 있는 것으로 알려져 있습니다. 각각의 무덤이 15평 정도의 면적을 차지한다고 치면, 전체 묘지의 면적이 전 국토의 1퍼센트를 차지합니다. 우리나라 국토 중 사람이 이용할 수 있는 면적이 4.7퍼센트에 불과하다는 점을 감안하면 정말 엄청난 면적을 차지하는 셈입니다. 이는 또한 우리가 주거하고 있는 면적의 절반에 해당하기도 합니다. 달리 말해 죽은 사람들을 위한 집이 산 사람들을 위한 집의 절반에 달하는 면적을 차지하고 있다는 뜻입니다.

오늘날의 묘지 문화는 이 땅의 생태계에 많은 문제를 야기하고 있습니다.

우선 묘지는 산림의 훼손을 수반합니다. 일반적으로 사람들은 묘지를 선정할 때 풍수지리를 따져 풍광이 좋은 곳을 선호해왔습니다. 그 결과 묘지의 90퍼센트 이상이 산림의 5부 능선 위에 자리 잡고 있습니다. 묘를 쓰기 위해 사람들은 굴삭기 같은 장비를 동원하여 산림을 파헤칩니다. 이러다 보니 묘지를 조성하면서 묘에 필요한 면적만큼이 아니라 그 이상의 훼손이 발생하기 일쑤입니다. 묘지 주변을 정비하고, 다양한 장식을 갖추고, 접근로도 확보하고…… 이로 인해 주변의 나무들이 과도하게 베어지고 지반이 약화되는 일이 다반사입니다. 그 결과 장마나 집중호우 때 산사태가 일어나기도 합니다. 그뿐만 아니라 주변에 서식하는 동식물들의 생활상에 교란이 일어나기도 합니다.

더 큰 문제는 벌초나 성묘 등을 위해 묘지를 찾은 사람들이 산불을 일으키는 사례가 잦다는 것입니다. 성묘객이 일으키는 실화가 전체 산불의 7퍼센트를 차지한다는 자료가 있습니다. 산불에 의한 산림 생태계의 교란은 그곳에 서식하는 생명들에게는 참으로 느닷없는 참변이 아닐 수 없습니다. 나무들이 불에 타서 죽고, 그 숲을 집으로 삼아 살아가던 수많은 생명이 피하기 어려운 위험에 빠져 죄 없는 죽음으로 내몰리는 것입니다.

묘지 문화는 최근 들어 생태계에 더욱 심각하고 지속적인 영향을 미치는 형태로 발전하고 있습니다. 그 형태는 크게 두 가지인데, 그중 하나가 납골묘입니다. 납골은 시신을 화장한 뒤 그 분골을 납골당이나 납골묘 등의 석조물에 안치하는 장례법입니다. 다른 하나는 최근에 유행하는 석재 무덤입니다. 이는 흙으로 무덤을 만드는 것이 아니라, 돌로 무덤을 만든 후 봉분의 윗부분에만 흙을 덮는 것입니다. 두 방법 모두 산 사람들 입장에서는 관리가 용이하고 깨끗하다는 장점이 있지만, 생태적 측면에서는 자연의 순환질서에 정면으로 맞서는 장묘 문화입니다. 기존 묘지는 세월이 흐르면서 돌보는 후손이 없어지면, 자연스럽게 완전한 흙으로 돌아갑니다. 하지만 돌은 반영구적인 특성을 지니므로 아무리 시간이 흘러도 쉽게 자연 상태로 돌아가지 못합니다. 그 결과 자연 소멸하는 무덤의 면적이 줄어들면서 국토에서 무덤이 차지하는 면적이 지금보다 훨씬 더 늘어날 것입니다. 그뿐만 아니라 무덤에 쓰이는 돌의 수요가 늘고, 이 수요에 상응하는 돌을 생산하기 위해 채석 활동이 늘어날 수밖에 없습니다. 이 또한 산림을 훼손하는 활동입니다. 결과적으로 돌로 만드는 무덤은 이중으로 자연에 압박을 가하게 됩니다.

이렇듯 묘지 문제는 심각합니다. 비단 오늘만 심각한 것이 아니라 미래를 살아갈 이들에게조차 그것은 심각한 문제가 될 것입니다. 우리가 화석연료를 짧은 시간 안에 너무 많이 소진하고 있는 것과 마찬가지로 묘지 또한 미래의 자원을 앞당겨서 과잉소비하는 것입니다.

예전에는 인구수가 적어 사람의 죽음이 자연에 가하는 압박이 적었습니다. 게다가 삶을 마무리하고 자연으로 되돌아가는 이들의 정신이 지금과는 달라서 사람들은 죽음을 통해 더 쉽게 자연에 동화할 수 있었습니다. 그들의 생각 밑바탕에는 사람 또한 자연 순환의 대법칙에 따라 살아가는 존재라는 믿음이 있었습니다. 따라서 그들은 자신의 죽음을 평소 자연에 진 빚을 갚는 절차요, 기회로 삼았습니다. 주몽의 아버지인 해모수는 새의 먹이로 자신의 주검을 바쳤다고 합니다. 어쩌면 그 시절에는 이런 조장鳥葬이 특별하지 않은 장묘 문화였는지도 모릅니다. 지금까지도 자연 순환의 정신을 존중하는 어떤 인디언 부족은 그간 생태계의 소비자로서 다른 생명을 빼앗으며 살아온 삶을 되갚기 위해 자신들의 주검을 늑대의 밥으로 바친다고 합니다.

오늘날 묘지 문제가 이토록 심각해진 원인을 나는 가난에서 찾습니다.

떠나는 자의 영혼이 가난하면 묘지가 더 커지고, 더 견고해집니다. 보내는 자의 정신이 창백하면 장례와 묘지가 화려하고 웅장해집니다. 크고 화려한 묘지를 만들어 보존하려는 정신 속에는 그것을 통해서라도 자신과 자신의 뿌리를 과시하려는 욕망이 숨어 있습니다. 이것은 실로 가난한 욕망입니다. 그들은 고인이 살아서 무슨 학위를 가졌고, 어떤 지위를 가졌는지를 묘비에 기록하고 싶어 합니다. 묘지의 크기와 견고함과 화려함으로 그가 얼마나 큰 집에 살았고 얼마나 비싼 차를 탔는지를 현시하려 합니다. 입신양명한 것을 살아 있었을 때의 가장 큰 가치로 기록하려 합니다. 그러나 이러한 묘지는 그의 영혼이 얼마나 가난한지를 반증하는 산물로 오랫동안 남아 있을 것입니다. 사는 동안 자연에 존재하는 다른 생명들에게 진 빚을 죽어서도 갚지 못하는 사람, 후손들의 자원이기도 한 땅을 지나치게 많이 오랫동안 차지하는 사람, 자신의 죽음이 자신의 삶과 이 별의 생명들에게 어떤 의미를 갖는지 끝내 깨닫지 못하고 떠난 사람으로 기록될 뿐입니다. 그런 무덤 앞에 서면 나는 무덤의 주인이 두려워하고 회피하다가 속절없이 죽음을 맞이한 사람이었으리라고 짐작합니다. 버리지 못한, 삶에서의 허영과 욕망을 무덤을 치장하는 것으로 포장해 영원히 간직하고자 했던 무의식의 발로는 아닐까 생각하게 됩니다. 애석한 일입니다.

영혼이 따뜻한 사람들의 죽음은 다릅니다. 그들의 묘지는 간소하여 최소한의 흔적을 남기고자 애씁니다. 보내는 자들에게 삶의 정신이 어떠해야 하는가를 죽음을 통해 가르치고 최대한 깊숙이 자연과 하나가 되려 합니다. 대학교에서 평생 숲을 연구해온 어느 교수는 신갈나무 아래에 자신의 주검을 그냥 묻게 함으로써 숲에 자신을 바쳤습니다. 또 내가 아는 어느 농부는 평생 기대어 살아온 밭에 작은 봉분을 만들고 묻힘으로써 사는 동안 대지에 진 빚을 갚고자 했습니다. 어느 학교의 설립자는 교정에 나무 한 그루를 심고 그 아래 묻힘으로써 제자들에게 우리의 죽음이 자연에 진 빚을 갚는 절차여야 함을 가르쳤습니다. 그들의 드러나지 않는 무덤을 통해 나는 그의 삶이 얼마나 풍요로웠을지, 그가 얼마나 영혼이 따뜻한 사람이었을지를 상상하게 되고 짐작하게 됩니다. 그들이 얼마나 이별의 순환 원리에 자신을 맡기며 별로 되돌아가고자 염원했는지 생각하게 됩니다.

우리는 모두 떠나야 합니다. 자연의 순환 원리가 그러하므로, 언젠가 우리는 모두 되돌아가야 합니다. 사는 동안 그 순간을 한번쯤 미리 생각해보고 준비해야 할 것이 있습니다. 그것은 다음과 같이 요약할 수 있습니다.

떠나는 내가 남겨진 이들에게 남겨 아름다운 것이 무엇일까?
또한 남겨 추한 것이 무엇일까?

떠나면서까지 가난한 영혼을 움켜쥐어서는 안 됩니다.

다시 근원으로 돌아가기

삶은 소유가 아니라 순간순간의 '있음'이다. 영원한 것은 없다.
모두가 한때일 뿐. 그 한때를 최선을 다해 최대한으로 살 수 있어야 한다.
삶은 놀라운 신비요, 아름다움이다.
그 순간순간이 아름다운 마무리이자 새로운 시작이어야 한다.

– 법정,《아름다운 마무리》에서

앞에 언급한 항상성은 생명이 살아 있기 위해 반드시 유지해야 하는 필수적인 자기조절체제입니다. 스스로 몸의 생리적 균형을 지킬 수 없는 상태가 되었을 때 생명은 곧 항상성을 잃은 것이며, 이 상태가 계속되면 그 생명은 죽음으로 향하게 됩니다.

나무들도 예외가 아닙니다.

죽음의 문으로 들어서고 있는 나무들은 겉으로 보아도 그 증상을 쉽게 알 수 있습니다. 그들은 먼저 수세를 잃기 시작합니다. 여름날, 항상성을 지키며 힘차게 살아가는 나무 아래에 서면 하늘을 보기가 쉽지 않습니다. 그들이 달고 있는 견실한 가지와 싱그러운 잎들이 하늘을 가리고 있기 때문입니다. 그러나 수세가 약해진 나무들 아래에 서면 가지와 가지 사이로 파란 하늘이 숭숭 보입니다. 스스로 영양을 생산하여 호흡을 감당하고 그 영양을 남겨 다른 곳의 성장에 쓰던 비율이 역전되면, 즉 호흡이 생산의 규모를 넘어서면 나무는 삶의 균형을 잃어가는 것입니다. 이렇게 수세가 계속 약해지면 나무는 항상성을 잃게 되고 머지않아 죽음에 이르게 됩니다.

나무가 죽음에 더 가까이 다가섰을 때 나타나는 것이 버섯입니다. 어느 가지에서 버섯이 피어오르면 그 가지는 회생 불가능하다고 보아도 무리가 없습니다. 줄기에까지 버섯이 피어난다면 나무는 이미 그 전체의 생명을 잃었거나, 잃어가고 있는 것입니다.

하지만 죽어가는 나무의 모습은 처연하지 않습니다. 나의 눈에 그것은 오히려 담담하고 더러 풍성하기까지 합니다. 나무는 죽으면서 다른 생물들에게 수많은 혜택을 베푸는 것으로 자신의 죽음을 풍성하게 합니다. 죽어 소멸해가는 나무들의 몸은 다른 생명들을 위해 베푸는 마지막 잔치와도 같습니다.

나무는 죽으면서 다른 생명들에게 많은 선물을 주고 갑니다. 죽어가는 나무는 곤충과 애벌레에게 자신의 몸을 허락합니다. 곤충이 자신의 몸에 파고들어 집을 짓게 하고 그 안에 애벌레들을 위한 기숙사를 제공하기도 합니다. 수많은 곤충과 그 애벌레들이 자신의 육신에 기대어 태어나고 자라도록 허락하는 것입니다. 그렇게 길러낸 그들이 봄부터 가을까지 하늘을 날며 온갖 풀과 나무의 전령사 노릇을 하게 함으로써 어디선가 자라고 있을 자신의 2세들에게 자신의 육신을 마지막으로 헌납하는 것입니다.

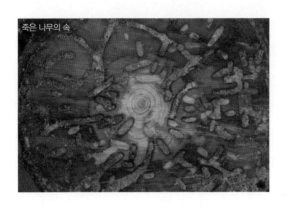

죽은 나무의 속

죽은 나무의 속은 온갖 애벌레의 기숙사로 쓰이기도 한다.
누군가의 죽음이 다른 누군가의 생명을 부양하는
집이 된다는 사실만으로도 자연이 빚어내는
순환의 질서가 얼마나 경이로운지 알기에 충분하다.

　이후 나무의 주검에는 자연스럽게 곤충과 애벌레를 좋아하는 동
물들이 몰려듭니다. 거미, 지네, 혹은 개미들에게도 좋은 집이 되어
줍니다. 새들은 나무의 주검에 기대어 사는 곤충과 애벌레와 그들
의 포식자를 사냥하면서 들판에서의 풍요와는 다른 풍요를 구가합
니다. 이러한 과정을 통해 나무의 주검은 새들에게 '이상적인 사냥
터'가 됩니다. 또한 죽어가는 나무는 새들에게 안전한 집이 되어주
기도 합니다. 딱따구리는 죽어가는 나무를 집으로 가장 잘 활용하
는 텃새입니다. 딱따구리는 아주 동그란 구멍을 뚫어 집의 입구를
만들고 그 속에 굴을 내어 집을 짓습니다. 그들의 삶 대부분이 죽어
가는 나무들 안에서 이어집니다. 딱따구리가 떠난 집은 동고비나

박새 같은 다른 새들의 차지가 되기도 합니다. 나무의 주검은 다람쥐, 도롱뇽, 산개구리 같은 다른 동물들의 은신처가 되기도 합니다.

이렇듯 나무의 주검 속에는 항상 새로운 생명이 깃듭니다. 그곳은 무수한 생명들의 집이고 식탁이고 사냥터이고 놀이터입니다.

나무들은 항상성을 잃고 주어진 삶을 정리하는 순간부터 모든 것을 내려놓습니다. 푸석푸석 썩어가는 그들의 몸은 누군가의 은신처요 사냥터요 놀이터였다가 비와 바람을 만나면서 아주 천천히 흙으로 되돌아갑니다. 흙으로 되돌아가는 마지막 순간까지도 그들은 모든 것을 내어주어 다른 생명을 부양합니다. 썩어가는 나무가 물을 머금어 축축해지면 이끼들이 그 물기로 배를 채우며 자라게 됩니다. 이렇게 자란 이끼는 나무의 죽음에 생기를 더합니다. 그렇게 오랜 시간 크고 작은 생명들을 부양하고 숲을 지키는 나무들은 자신의 일생과 주검 모두를 흙에게 바칩니다. 모든 나무의 죽음이 풍성하고 숭고한 이유가 여기에 있습니다.

법정 스님은 《아름다운 마무리》라는 책에서 삶에 대해 이렇게 썼습니다.

삶은 소유가 아니라 순간순간의 '있음'이다. 영원한 것은 없다. 모두가 한때일 뿐. 그 한때를 최선을 다해 최대한으로 살 수 있어야 한다. 삶은 놀라운 신비요, 아름다움이다. 그 순간순간이 아름다운 마무리이자 새로운 시작이어야 한다.

스님은 사람의 삶이 이와 같아야 한다고 했습니다. 깊고 깊은 통찰입니다.

더하여, 나는 사람이 죽음을 맞는 자세 또한 나무를 닮아야 한다고 생각합니다. 우리는 묘지 안에 갇혀 영원을 꿈꿀 이유가 없습니다. 우리의 죽음도 누군가를 위한 '만찬장'일 수 있어야 합니다. 그 누군가는 바로 대지요, 다른 생명들일 것입니다. 나무의 삶이 그러했듯이 결국 우리의 삶도 그들에게 빚을 지고 있기 때문입니다.

신은 모든 생명들에게 죽음을 통해 그 빚을 갚을 기회를 주셨습니다. 나무들이 그 빚을 갚으며 한 줌 흙으로 소멸하듯이 우리의 주검도 그러해야 합니다.

몇 년 전에 나는 아내와 아이를 불러 내 몸에 관한 유언을 남기고 양해를 구한 적이 있습니다. 한 단체에 '장기기증서약'을 한 뒤였습니다. "언제고 내가 죽게 되면 내 몸을 다른 사람을 위해 쓰기로 했는데, 괜찮겠는가?" 이어서 이런 말도 했습니다. "남은 시신은 내가 심은 나무 아래 묻어주면 좋겠다. 혹 내가 그리운 날에는 그 나무 아래로 소풍을 와서 그 나무가 나인 듯 말을 건네주었으면 좋겠다." 조심스러운 이야기였으나 아내와 딸은 기쁘게 동의해주었습니다.

나는 이 숲에 들어오기 전부터 제법 많은 나무를 심었습니다. 언제고 신이 나를 부르시는 날, 그중 한 그루 아래에 묻힘으로써 자연에 진 나의 빚을 되갚고 싶습니다.

누구나 거쳐야 하는 죽음이 내게 당도했을 때, 나는 그렇게 아낌

나무는 죽어서도 풍성하다.
그들은 스스로 키워온 모든 것을 숲으로 되돌려놓는다.
생태학자들이 말하는 '되먹임 과정'이 없다면
생태계는 아주 빠르게 파멸할 것이다.

없이 갚고자 마음먹고 있습니다. 그 순간만이라도 나는 모든 것을
편안히 내려놓고 싶습니다. 한순간도 살지 않은 것처럼 썩어짐으로
써 온전한 흙으로 돌아가고 싶습니다. 그것으로 이 별과 다른 생명
들에게 빚내어 산 삶을 되돌려놓고 싶습니다.

두려워할 일은
죽음이 아니다

죽음을 두려워하지 마라.
두려워할 것은 오히려 살고 있으되 살아 있음에 철저하지 못하고
죽음의 때에 이르러서도 그 죽음에 철저하지 못한 우리의 삶이다.
정말 두려워해야 할 일은 신이 그대에게 부여한
삶과 죽음의 기회를 헛되게 하는 것이다.

　　　　내가 이 산중에 오두막을 지을 때의 일입니다.

　나는 일흔이 가까운 어르신 한 분과 사귀게 되었습니다. 맑고 선한 눈에 은발이 성성한 어르신은 뵐 때마다 항상 고요한 미소를 머금고 계셨습니다. 그분은 나의 오두막 옆에 있는 산비탈 밭을 직접 개간하고 50년 넘게 경작하셨습니다. 이곳은 마을에서 1킬로미터쯤 떨어진 산 중턱이기 때문에 농사를 짓기에도, 오두막을 짓기에도 무척 험한 곳입니다. 어르신은 가난한 집에서 태어났기 때문에 물려받은 땅이 문전옥답이 아닌 이곳 산비탈이었을 것입니다. 어르신은 경운기도 없던 그 옛날에 달랑 지게 하나 지고 이곳까지 올라와 돌이 많은 땅을 밭으로 바꾸셨습니다. 이제는 낡은 경운기를 몰

고 이곳까지 올라오시는데 항상 옆자리에는 아내를 태우고 있었습니다. 두 분의 모습이 얼마나 다정한지, 뵐 때마다 연리목의 사랑과 닮았다는 느낌이 들었습니다.

어르신은 수줍음이 많았습니다. 내가 집을 짓다가 어르신의 모습을 보고 꾸벅 인사를 올리면 예의 그 온화한 미소로 화답하실 뿐, 군더더기의 인사치레조차 없었습니다. 내가 새참이나 점심을 먹을 때면, 함께 드시자 해도 한사코 사양하셨습니다. 접시에 음식을 덜어 밭으로 가져다드리면 그제야 "괜히 폐를 끼친다"고 미안해하셨습니다. 참고로 이곳은 지세가 험하고 외딴곳이라서 새참이나 점심을 해결하기가 난감한데, 고맙게도 10리가 넘게 떨어진 중국집과 한식당에서 어렵게 배달을 해주곤 했습니다.

어르신은 또한 배려심이 많은 분이었습니다. 본래 그분이 경운기를 주차하는 공간은 내가 짓고 있는 오두막 위쪽에 있었습니다. 그런데 내가 집을 짓기 시작하면서부터 어르신은 경운기를 저 아래 옹색한 빈터에 세우고 걸어 올라오셨습니다. 나의 고물 트럭이 자재를 사러 내려갈 때 방해가 되지 않도록 말없이 배려해주신 것입니다. 혼자 끙끙대며 일을 하고 있을 때면 조용히 옆에 오셔서 도움을 주시기도 했습니다. 도움을 청하지 않았는데도 혼자 하기 어려운 일을 할 때면 어느새 나타나 손길을 내밀곤 하셨습니다.

어르신은 늘 평화로운 분이셨습니다. 아내와 함께 조용조용 밭일 하시는 모습은 항상 밀레의 〈만종〉을 보는 것처럼 평화로 충만했습니다. 그분은 걸음걸이에서조차 평화를 느끼게 했습니다. 어느 날

나를 도와주러 왔던 지인 또한 첫눈에 그분을 좋아하게 되었습니다. 마을 사람들은 어르신더러 법이 필요 없는 분이라고 했습니다.

오두막이 거의 완성되어갈 때쯤 어르신의 농사도 추수를 앞두고 있었습니다. 어르신이 추수를 앞두고 멧돼지와 고라니로부터 작물을 지키기 위해 가끔 밭을 둘러보러 오시던 그 즈음, 나의 오두막은 지붕을 다 올린 채 실내 마감 작업이 한창이었습니다. 그날 어르신은 경운기에 시동을 걸면서 이렇게 말씀하셨습니다.

"저기 밭둑 위에 검은 봉지가 있죠? 감나무에서 감을 좀 따 왔소."

고맙다는 말씀을 드렸습니다. 하지만 그로부터 열흘이 넘도록 검은 봉지에 대해서는 잊고 있었습니다. 막바지에 일이 바빠서 어르신이 주신 귀한 선물을 밭둑에 그대로 방치해두었던 것입니다. 그 사이 어르신은 두어 번 더 올라오셨고 분명히 당신의 선물이 방치되어 있는 것을 보셨을 텐데도 별말씀을 하지 않으셨습니다. 여느 사람들 같으면 봉지를 다시 챙겨다 주면서 노엽거나 서운한 기색을 비쳤을 텐데, 그분은 그러지 않았습니다. 뒤늦게 방치했던 선물을 기억해내고 많이 미안했습니다. 또한 그분의 깊은 마음 씀씀이에 더욱 매료되었습니다. 선물을 주면 그것으로 끝, 받는 이에게 아무것도 기대하지 않으시는 어르신의 마음이 느껴졌기 때문입니다.

그렇게 어르신의 삶을 존경하는 마음이 커져갈 무렵 나는 오두막에 입주했습니다. 날은 상강을 지나 입동이 머지않은 때였습니다. 마루에 서서 이 숲의 가을빛에 감탄하고 있는데 멀리서 어르신의 경운기 소리가 들려왔습니다. 어르신이 올라오고 계셨습니다. 나는 얼른 찻물을 올렸습니다. 지인이 가져다준 사과 한 상자를 헐어 제일 큰 비닐봉지에 가득 담아두었습니다. 평소처럼 멀리에다 경운기를 세우시는 어르신께 달려갔습니다. 오늘따라 옆자리에는 부인이 없었습니다. 어르신은 처음으로 혼자였습니다. 인사를 드리고 차 한잔을 권했습니다. '오늘도 평소처럼 사양하시면 강권해서라도 모셔야지'라고 마음먹고 드린 말씀인데, 어르신은 선뜻 "그럴까요?"라고 대답하셨습니다.

마루에 놓인 작은 테이블 위로 차를 날랐습니다. 어르신은 먼 산이 잘 보이는 의자를 택해 앉으셨습니다. 그 자리에 앉으면 풍경이 일품이었습니다. 나는 어르신과 직각을 이루는 자리에 앉았습니다. 이 자리에서는 북쪽의 산과 어르신의 밭이 잘 보였습니다. 볕이 좋은 날이었습니다. 상강이 지났으나 쌀쌀함은 볕에 밀렸습니다.

어르신은 나의 오두막이 완성된 것을 축하해주셨습니다. 돌로 기초를 놓고 흙벽을 치고 마무리를 하기까지 땀을 흘리는 과정을 말없이 지켜보았는데, 참 보기가 좋았다면서 진심으로 부럽다는 말씀도 하셨습니다. 어린 시절에 당신이 아버지로부터 물려받은 집은 비록 허름하기는 했으나, 돌로 기초를 놓고 흙으로 심벽을 세운 집이었는데, 그걸 다 허물고 시멘트로 집을 지은 것을 이제야 후회하게 된다고도 하셨습니다.

이날 어르신은 평소와 약간 달랐습니다. 수줍음 많고 과묵하던 평소 모습과 달리 어르신은 당신의 지난날을 조곤조곤 들려주셨습니다. 밭을 개간하던 때의 어려움, 이 산자락에 살던 화전민들에 대한 이야기, 이곳이 험하지만 농사가 참 잘되는 땅이요 살기에도 좋은 곳이라는 말씀, 이 숲에 있는 옹달샘은 어떤 가뭄에도 마른 적이 없다는 말씀 등을 들려주셨습니다. 새로 집을 짓고 이곳에 들어온 나를 축하해주는 진심어린 덕담이었습니다.

평생 농사를 지으신 어르신은 삶에 관한 소회도 들려주셨습니다. 지금 생각해보니 그것은 내가 이곳에서 어떻게 살아야 할지를 들려주신 것이기도 했습니다.

"농사를 지으며 산다는 것은 쉬운 일이 아니에요. 농사로는 돈을 벌 수가 없어요. 30년 전에 여기에 고추를 심고 파를 심어서 내 자식을 도시에 있는 고등학교로 유학을 보냈는데, 그때의 고추 가격과 지금의 고추 가격이 같아요. 그간 농자재 값이 얼마나 올랐는지를 생각해보면 바로 답이 나와요. 농사로 돈을 번다는 생각을 하면 울화가 치밀어서 못했을 거예요. 나는 그저 농사짓는 일이 하늘이 내게 주신 천직이려니 생각하고 평생 땅을 일구며 살았어요."

이어서 들려주신 말씀은 한 구절의 시와 같았습니다.

"이곳에서 매일매일
저 아름다운 풍경과 새소리와 바람소리를 듣는 삶이
참 좋을 것입니다.
나는 그쪽이 참 부러워요.
나도 저 밭에 집을 짓고 이웃해서 살고 싶을 만큼 부러워요."

사실 이날 나는 읍내에 볼일이 있었습니다. 어르신도 찻잔을 만지는 나의 작은 움직임에서 그것을 감지하셨는지 이내 자리에서 일어섰습니다.

"내가 괜히 쓸데없는 소리를 하느라 시간을 빼앗았네요."

나는 그렇지 않다고 말씀드리고 담아두었던 사과 봉지를 내왔습니다. 어르신께 봉지를 드리며 지난번에 주신 감은 잘 먹었다고 말씀드렸습니다. 공사를 마무리 짓느라 바빠서 깜빡 잊고 있다가 나중에야 먹게 되었다는 설명도 빼먹지 않았습니다. 어르신은 사과 봉지를 받으면서 환하게 웃으셨습니다.

"차도 맛있게 마셨는데 이렇게 사과까지 받으니 참 고맙고 기쁘군요. 아내가 좋아하겠어요."

어르신은 평화로운 걸음으로 밭을 둘러보셨습니다. 나는 트럭을 몰고 읍내에 다녀왔고, 날이 저물었습니다.

다음 날 저녁, 서울에 갈 일이 있어 집을 나서려는데, 전화벨이 울렸습니다. 아랫마을에 사시는 분이었습니다.

"오두막 옆에 밭, 노 씨 어르신이 돌아가셨소."

가슴이 쿵 하고 내려앉았습니다.

믿기지 않았습니다. 전날 그토록 건강한 모습으로 이곳을 찾으셔서 환담까지 나눈 분이 돌아가셨다니! 어르신은 나와 헤어진 그날 밤, 잠자리에 드셨다가 영영 일어나지 않으셨다고 합니다.

그리고 어르신의 부인과 자제들이 어르신의 무덤을 내 오두막 옆에 쓰고 싶어 한다고 했습니다. 말은 하지 않았지만, 순간 당황스러웠습니다. 더 솔직하게는 마음이 불편해졌습니다. 산중에 집을 한 채 짓고 새로운 삶을 시작하려는 순간, 나의 공간 옆에 무덤이 들어 선다는 것이 찜찜하기도 하고 언짢기도 했습니다.

서울로 가는 차 안에서 나는 어르신과의 인연을 되짚고 있었습니다. 오두막을 짓기 위해 터 잡기를 하면서 처음 뵈었던 모습부터 어제의 환담과 마지막으로 남기신 말씀, 그리고 돌아가셨다는 소식까지 하나도 빠짐없이 생생하게 떠올랐습니다. 그제야 나는 부끄러워졌습니다. 당신의 죽음을 안타까워하면서도 오두막 옆에 묘를 쓰겠다는 가족들에 대해서는 불쾌한 마음을 가졌던 내가 부끄러워서 어디든 숨고 싶었습니다.

"나는 그쪽이 참 부러워요. 나도 저 밭에 집을 짓고 이웃해서 살고 싶을 만큼 부러워요"라고 하셨을 때 "그렇게 하시지요. 어르신! 내년에라도 지으시면 어떻겠어요?"라고 했는데, 그 마음이 모두 거짓이었던 것입니다.

죽음이 삶의 한 과정이요, 우주적인 순환을 따르는 존엄한 절차라고 생각하면서도 정작 내가 사는 공간에 죽은 자를 위한 집이 들어선다는 이야기를 듣자마자 얼른 불편한 마음부터 생겼던 것입니다.

어르신은 지금 살아서 이루지 못한 소원을 이루어 내 오두막 옆에 누워 계십니다. 좌향은 당신이 나와 마지막으로 이야기를 나누며 앉아 계셨던 그 방향을 향하고 있습니다. 다행스러운 일입니다. 내가 법을 근거로 반대했더라면 이곳에 묘지를 쓸 수 없었겠지만, 서울로 향하는 버스 안에서 얼른 반성할 수 있었던 것이 참으로 다행한 일이었습니다. 지금도 가끔 어르신이 계신 곳에 들러 잠시 서 있다가 내려오곤 합니다. 그곳에 서면 생전에 그토록 보기 좋았던 당신의 모습이 더욱 선하게 떠오릅니다. 어르신이 돌아가시고 한 달쯤 지났을 때 빨래를 널고 있는데 어르신의 부인이 올라오셨습니다. 저 멀리서부터 느릿느릿 올라오시는 모습을 훔쳐보듯 보게 되었습니다. 땅을 보고 걷는 모습이 하도 쓸쓸해서 내 가슴이 다 먹먹했습니다. 차마 말을 건넬 수 없을 만큼 슬퍼 보였습니다. 아주머니는 나를 보지 못하신 듯이 오두막을 지나 어르신의 무덤으로 가셨습니다. 더 이상 비료포대를 쓸 일이 없을 텐데, 손에는 둘둘 만 비료포대가 들려 있었습니다.

갑자기 나는 불안한 생각이 들었습니다. 아주머니가 너무 크게 상심하여 혹시라도 어르신의 뒤를 따르시는 건 아닌가 하는 걱정이 퍼뜩 생긴 것입니다. 아마도 아주머니의 표정과 행동이 너무 쓸쓸하고 비통해 보여서 그랬겠지요. 소소한 일을 계속 하면서도 온 신경은 어르신의 무덤가로 쏠려 있었습니다.

그때 갑자기 이 숲을 뒤흔드는 짐승의 처절한 울음소리가 들려왔습니다. 깜짝 놀라 귀를 세우고 자세히 들어보았습니다. 아주머니가 오열을 토하고 있었습니다. 처연하기 그지없는 울음소리가 5분 정도 계속되었습니다. 이윽고 울음소리가 멈추고, 아주머니가 파밭에 모습을 드러냈습니다. 아주머니는 파를 뽑은 뒤, 오두막으로 천천히 오셨습니다. 바람만 세게 불어도 날아갈 듯이 여윈 모습이 너무 안쓰러웠습니다. 차를 내올 테니, 마루에 오르시라 했지만 아주머니는 사양하시며 마루 끝에 앉는 둥 마는 둥 걸터앉으셨습니다.

"미안해요. 이렇게 남의 집 옆에서 곡소리를 내서…… 울고 싶은데 울 곳이 없었어요. 애들과 동네 사람들이 있는 데서는 차마 울수가 없어서 이렇게 실례를 했어요. 이해해줘요."

나는 어르신이 떠나시기 전날 이곳에 들러서 하셨던 이야기를 전해드렸습니다. 마지막으로 하셨던 말씀도 전해드렸습니다. 아주머니는 계속 눈물을 훔치면서 듣고 계셨습니다. 나의 이야기가 끝나자 아주머니가 울음을 터뜨리며 말씀하셨습니다.

"내가 그 양반 가는 날까지 고생만 시킨 것 같아서 미안해요. 그날 나는 며느리들하고 김장 배추를 씻고 있었는데 그 양반이 혼자여길 가겠다고 하는 거예요. 갈 일도 없는데, 밭이나 한번 둘러본다면서 나가신 거예요. 내가 '이제 그만 밭을 팔아서 우리 죽을 때까지 용돈이나 씁시다'라고 했더니 '나 죽거든 자네가 팔아서 쓰시게'라더군요. 그러고는 밖으로 나가 녹두를 꺾고 사과까지 얻어 온거예요. 가난을 물려받고 제대로 배운 것도 없어서 어려서부터 고생고생, 오로지 농사만 지어서 애들을 가르쳤는데, 그러느라 단 한번도 마음 편히 쉬어보지 못했는데, 죽는 그날까지도 일을 하고 갔어요. 그게 미안해죽겠어요. 그 양반이 그날 꺾어놓은 녹두를 어제장에 내다 팔았는데…… 이 돈을 나 혼자 쓰는 게 미안하고 억울해서……."

아주머니의 울음은 깊었습니다. 내 가슴도 터질 듯이 아팠습니다. 물을 한 대접 떠다가 드렸습니다.

뽑아 온 파를 주시면서 아주머니는 한사코 걸어서 가겠다고 하셨습니다. 마음이 놓이지 않은 나는 마침 마을에 갈 일이 있다고 거짓말을 하고는 아주머니를 트럭에 태웠습니다. 우리는 산에서 내려오는 내내 말을 하지 않았습니다. 좁은 트럭 안이 슬픔의 침묵으로 가득했습니다. 아주머니의 댁 근처에 이르러 내가 입을 열었습니다.

"어르신은 편안하실 거예요. 그러니 아주머니도 얼른 기운을 차리세요. 그리고 울고 싶으실 때는 언제든지 올라오세요."

이후 어르신의 자제와 친척들은 객지에 살면서도 자주 어르신의 무덤을 찾아 살뜰하게 보살피고 있습니다.

이 숲이 참 좋다던, 그래서 이곳에서 매일매일 저 아름다운 풍경과 새소리와 바람소리를 듣는 삶을 그리셨던 어르신. 이제 그 어르신과 나는 이 숲에 함께 살고 있습니다.

나는 그분의 삶으로부터 많은 것을 느끼고 배웠습니다.

평생 농사일을 하늘이 주신 천직으로 여기면서 그 일로 자식을 키워 결혼시킨 소박하고 정직한 삶. 초등학교도 다닐 수 없었지만, 법 없이도 살아갈 수 있을 만큼 온화하고 훌륭한 인품. 일체의 허례와 허식도 달지 않았던 간결한 삶. 자신의 무덤에 찾아와 목 놓아 울어줄 만큼 깊고 깊었던 아내와의 사랑, 그리고 그에 못지않은 자식들의 효심…….

신이 허락한 우리의 삶이 이만큼만 철저하고 훌륭할 수 있다면 무엇이 더 필요할까 싶습니다.

존재의 발견
숲에게 길을 묻다

나는 그분의 죽음을 통해서도 많은 것을 생각하게 되었습니다.

이제 막 새로운 삶을 시작하는 나에게 당신의 지나온 삶을 들려주시면서 한 사람이 걸어가야 할 마땅한 길을 보여주신 그날, 당신은 가족들과 저녁밥을 먹고 방으로 들어가셨다가 다시는 그 방문을 열고 나오지 않음으로써 죽음에 이르렀습니다.

어찌 보면 삶과 죽음은 문 하나를 열고 닫는 사이에 존재하는 것일지도 모릅니다. 그러니 스스로 돌아갈 시간과 돌아갈 자리를 아는 것이 얼마나 힘들고 어려운 일인지, 그리고 얼마나 중요한 일인지 깨닫게 됩니다. 그것으로 우리는 어떠한 집착도 미련도 두지 않게 됩니다.

어르신은 삶의 마지막 날, 자신이 평생 기대어 살았던 땅을 천천히 둘러보았습니다. 그리고 그 땅에 묻혔고, 지금은 다시 흙으로 돌아가는 여행을 하고 있을 것입니다. 자신의 삶에 치열하고 철저했던 당신은 그 터전을 마지막으로 둘러보면서도 어떠한 회한도 남지 않았을 것입니다. 당신은 당신의 말씀처럼 자신에게 주어진 자리를 하늘의 뜻으로 알고 최선을 다해 살아냈을 뿐입니다. 그것으로 당신은 늘 소박한 행복과 동행했습니다.

어르신의 삶과 죽음은 마치 이 숲에서 살다 떠나는 나무의 그것을 닮았습니다. 이 숲의 한쪽에서 긴 시간 스스로의 삶에 충실하다가 마침내 죽음을 맞이하고는, 그 자리에 선 채 수십 수백 년의 시간을 보내며 다시 흙으로 돌아가는 나무. 그분도 나무와 같이 흙으로 돌아가 새로운 생명을 부양하게 될 것입니다. 나무도 그분도 평 우리가 돌아갈 흙이다.

명주잠자리 유충이 홈을 떼어 집을 지었다.

생명은 모두 흙으로 돌아가

다시 다른 생명의 삶을 부양한다.

생 흙에게 빚을 지며 살았습니다. 그들 모두 흙의 영양분에 기대어 삶을 이을 수 있었기에 다시 흙이 됨으로써 그 빚을 되갚고 있습니다. 그것으로 어르신과 나무 모두 부처이고 예수입니다.

태어나서 죽기까지, 그 살아 있음을 삶이라 부릅니다. 삶에 대해서는 수없이 고민하고 설계하면서도 사람들은 삶의 마지막에 대해서는 별로 고민하지 않습니다. 우리 대부분은 자기 삶의 마지막을 떠올려보지 못한 채, 더 빠른 성장과 더 많은 결실에만 몰두하며 살아갑니다. 때로 삶은 고해와 같다면서도 정작 그 고해를 건너는 마지막 단계에 대해서는 두려워합니다.

죽음을 앞둔 어느 재벌이 자신의 삶을 보름만 연장해주는 사람이 있다면 그에게 재산의 절반을 주겠다고 했다는 이야기가 있습니다. 누군가에게 삶은 큰 미련이고 죽음은 저항하고 싶은 관문인지도 모릅니다. 하지만 "고맙습니다. 서로 사랑하세요"라는 말을 남기고 평화롭게 죽음을 맞은 이도 있습니다. 2009년 2월 각막을 기증하고 떠나신 김수환 추기경의 선종은 평화로웠고 아름다웠습니다.

죽음을 완전한 소멸이나 알지 못하는 영역으로의 이동이라고 생각하는 이에게 죽음은 두려움입니다. 하지만 스스로 마땅한 길을 걸어 삶의 끝에 도착한 이에게 삶은 결코 미련으로 남지 않을 것이며 죽음 또한 두려움의 대상이 아닐 것입니다.

내 오두막 옆에 잠든 어르신이 보여준 것처럼 죽음은, 우리가 빚을 졌던 이 별로 고요히 되돌아가는 것입니다. 새로운 생명들을 위해 흙이 되는 것입니다. 그것으로 이쪽의 삶이 닫히고 저쪽의 새로운 소임이 열립니다. 두려워할 것은 오히려 살고 있으되 살아 있음에 철저하지 못하고, 죽음의 때에 이르러서도 그 죽음에 철저하지 못한 우리의 삶입니다. 정말 두려워해야 할 일은 신이 우리에게 부여한 삶과 죽음의 기회를 헛되게 하는 것입니다.

숲의
죽음

울지 마라!

한두 번 넘어졌다고 해서 울 일 아니다.
가지 하나 잃었다고 눈물짓는 나무는 없다.

길이 멀다 하여 울 일 아니다.
연어는 수만 리 강물을 거슬러 안식에 이른다.

오르막이 가파르다 하여 울 일 아니다.
주목은 수백 년의 음지를 견디어 천년을 산다.

더러 진흙탕 길 위에 있을지라도 울 일 아니다.
수련은 그곳에서도 고운 꽃을 피운다.

내 꽃이 아직 피지 않았다 해도 울 일 아니다.
2,000년을 기다려 꽃을 피운 오가연꽃도 있지 않은가.

울지 마라!
부러지고 꺾어진 자리에서도 새살은 돋고
떨어져 흙이 되는 것도 있어야
그 삶이 더 푸르다.

그대, 마침내 숲을 이루십시오

나는 숲을 우리 삶의 스승으로 불러들이는
이번 작업을 즐겁고 두려운 마음으로 진행했습니다.
이번 작업에서 숲의 생명들이
내게 건넨 마지막 이야기로 이 책을 닫고자 합니다.

그대, 타인이 되려 하지 마십시오.
오로지 그대 안에 숨죽이고 있는 씨앗을 발견하십시오.
그리고 그것을 싹틔워 그대다운 나무로 성장하십시오.
마침내 누구나 걷고 싶은 숲을 이루십시오.
그렇게 푸르고 아름답게 살아가십시오.

이 숲의 마음을 담아 기원합니다.

감사의 말

모든 생명이 누군가에게 빚을 내어 사는 것과 같이 이 책 또한 많은 빚을 지고 있습니다. 빚을 내어준 모든 분에게 진심으로 감사드립니다.

아내와 딸 혜린은 사막이 아닌, 생명의 길을 선택한 뒤 우리에게 다가온 내핍과 동거하고 있습니다. 부모님과 형제들에게도 걱정을 드렸습니다. 가고 싶은 길, 생명의 길을 가는 것이 끝내 행복한 길임을 증명하는 것으로 두고두고 고마움을 전하겠습니다.

변화경영연구소의 구본형 선생님은 내가 혼돈의 갈림길에 서서 외로움과 두려움에 떨 때마다 스스로 먼저 한길을 뚜벅뚜벅 걸어가시는 모습으로, 마치 숲처럼 길을 일러주시는 스승이십니다. 가르침을 따라 사는 것으로 조금이나마 빚을 갚고자 합니다. 자연의 섭

존재의 발견
숲에게 길을 묻다

리를 더 깊이 들여다볼 수 있도록 눈을 틔워주신 초아 서대원 선생님께도 깊은 감사를 드립니다. 숲연구소의 많은 선생님을 만나지 못했다면 숲을 깊이 있게 바라보는 일이 크게 더뎠을 것입니다.

숲의 동지로 묵묵히 같은 길을 걸어주는 여해 선생의 지지가 없었다면 이 책은 완성되지 못했을 것입니다. 여우숲 공동체를 꿈꾸며 깊은 지지와 응원을 보내는 이웃 모두가 없었다면 숲으로 떠나는 일이 더 늦어졌을 것입니다. 모두 고맙습니다. 또한 이 책의 원고를 탈고한 장소인 백오산방을 짓는 일에 노동을 보태고 마음을 보태주신 모든 분께 깊이 감사드립니다. 서툰 첫 작업을 잘 참고 기다려준 출판사 비아북의 한상준 대표와 박재호 편집장에게도 감사드립니다.

끝으로 나는 숲에게 늘 큰 빚을 지고 살아가고 있습니다. 살아갈 길을 일러주는 스승으로, 또한 오두막을 짓고 기대어 살 수 있는 터전을 내어주고 이 책에 쓰일 종이를 내어주는 것으로…… 언제나 숨 쉬게 하고 품어주는 숲에게 두 손 모아 감사의 마음을 전합니다.
    그 외 아래와 같이 도움을 주신 모든 분들께 감사드립니다.

감사의 말

사진 _ 사진가 김주한, 최흥수〈한국일보〉사진기자,
청강문화산업대학 김종갑 선생, 숲연구소 문준호 선생.

책의 제목에 대해 구본형변화경영연구소의 '커뮤니티'
공간을 통해 의견을 주신 분들의 닉네임 _ 유건재, 김지현, 수희향,
나리, 백산, 햇빛처럼, 경환, 효은, 못난이 공주, 형산, 의문화, 나경,
워너비, 안나푸르나 성은, 뎀보, 여름, 신종윤.

숲에게 길을 묻다

지은이 | 김용규

초판 1쇄　발행일 2009년　4월 10일
개정판 1쇄 발행일 2019년 11월 15일
개정판 2쇄 발행일 2022년　6월　1일

발행인 | 한상준
편집 | 김민정, 강탁준, 손지원, 최정휴, 정수림
디자인 | 김성인, 김경희
마케팅 | 이상민, 주영상
관리 | 양은진

발행처 | 비아북(ViaBook Publisher)
출판등록 | 제313-2007-218호(2007년 11월 2일)
주소 | 서울시 마포구 연남동 월드컵북로6길 97(연남동 567-40) 2층
전화 | 02-334-6123 전자우편 | crm@viabook.kr
홈페이지 | viabook.kr

ⓒ 김용규, 2019
ISBN 979-11-89426-62-0　03100